現場で活かせる!

経理担当者のための監査対応のコツ

公認会計士
内田正剛 著

税務研究会出版局

まえがき

「監査対応の負担を少しでも減らせるコツはないかな」。これは、経理担当者の正直な気持ちではないでしょうか。相次ぐ不適切会計の発生を受けて、監査手続はますます増えていくばかりですが、それは経理担当者の負担が増すことも意味します。監査手続は、経理担当者の協力や対応なしでは前へ進まないからです。では、監査対応の負担が増すのを諦めざるを得ないのかというとそうではなく、工夫次第で負担を減らす余地はあります。本書ではさまざまなアイデアを紹介していますが、いずれのアイデアも基本的な発想・キーワードは「ミニマム対応」です。この用語は、先回りの準備を主体にした受け身の監査対応を意図して使っています。そのためには、相手（＝監査人）が何を考えているのかを知る・想像を膨らませることが必要です。そこで、本書は、筆者が監査人だったらこんなことを考えるといった視点で執筆しました。経理担当者の監査対応の負担を減らすことに、少しでも貢献できれば幸いです。なお、解説にあたっては、期末決算の監査手続を前提にしていますが、四半期決算でのレビュー対応でも活用することは可能です。監査対応での基本的な考え方は同じだからです。

本書では、会計・監査ルールの難しい原文解説は極力避け、わかりやすさ・イメージしやすさを重視して適宜言い換えながら解説しています。ですから、会計・監査ルールを解釈するにあたっては、必ず会計・監査ルールの原文へあたるようにしてください。なお本書では、公認会計士が行う会計監査のことを「監査」と呼んでいます。

最後になりましたが、本書を執筆する機会を頂いた税務研究会出版局のみなさまにこの場をお借りして御礼を申し上げます。

2023年11月吉日

公認会計士　内田正剛

現場で活かせる！
経理担当者のための監査対応のコツ

目　次

第1章
監査について —— 1

第**1**節　**監査とは** —— 2
1 監査って何？ —— 2
2 なぜ監査は必要なのか？ —— 4
3 監査人ってどんな人？ —— 7
4 経理担当者にとって監査とは？ —— 9
5 監査スケジュールを考えるときに意識すべきこと —— 11

第**2**節　**具体的な監査手続** —— 14
1 監査人の習性 —— 14
2 会社と接点のある主な監査のイベント —— 20
3 主な監査手続 —— 27
4 勘定科目別の監査手続 —— 38

第2章
相手を知り己を知る —— 47

第**1**節　意外にシンプル **監査人が考えていること** —— 48
1 監査人が考えていること —— 48

第**2**節　**監査人もチェックをされている** —— 51
1 公認会計士・監査審査会の「監査事務所検査結果事例集」 —— 51
2 日本公認会計士協会の
「品質管理レビュー事例解説集」「監査提言集」等 —— 56

第**3**節　**監査人の視点で自社を見る** —— 58
1 自社は監査人からどう見えているか？ —— 58

第３章
監査対応のコツ —— 65

第１節 会社は正しい決算をする義務がある —— 66
1 監査は決算の補足～適切な決算をする義務は会社にあり —— 66
2 不適切会計をするとどうなる？ —— 67
3 監査を受けるスタンス案～必須の監査手続を目指す —— 70

第２節 事前準備が大事 —— 72
1 監査対応は先回りがコツ —— 72

第３節 決算・監査をスムーズに進める段取り —— 84
1 決算は積み上げ作業 —— 84
2 監査人との協議 —— 96
3 他部門の巻き込み方 —— 112

第４節 監査人との対話に困ったら？ —— 119
1 監査人との対話で使えるテクニック —— 119
2 立ち回り —— 124
3 意外と侮れない雑談の効果 —— 140
4 新人監査人に出会ったら —— 153

第５節 絶対NGな監査対応 —— 157
1 絶対NGな監査対応 —— 157
2 経理担当者が避けるべき行動 —— 164

※本書で紹介している監査ルールは、2023年８月20日時点で
公表されているものを使用しています。

第1章

監査について

第 1 節　監査とは

「監査対応どうする？」という会話は、経理部で常に話題になるトピックでしょう。本書は、そんな経理担当者の大きな関心事にフォーカスしつつさまざまなアイデアを紹介します。まずは、監査って何なのかを振り返ることから始めましょう。

1 監査って何?

図1

1	2	3	4	5
何を?	誰が?	成果物	誤り	訂正は?
根拠資料のチェックや分析	会計士が集まった組織	監査報告書	全部は見つけない	重要なら必要

1. 何をしているのか？

監査を受ける会社の行った会計処理が、会計ルールに則って行われているかを確かめる作業を監査といいます。監査は、監査を受ける会社の経理担当者やその他の担当者に話を聞きながら、会計処理とその根拠資料を照らし合わせたり、期末決算の金額の推移や比率を見て、合理的な説明のつかない異常値が出ていないかなどを確かめていきます。

2. 誰が行うのか？

監査は、監査を受ける会社から独立した立場の専門家である公認会計士が行います。もちろん公認会計士が一人だけで行うわけではなく、公認会計士が集まって設立された監査法人という組織がチームを作って担当します。そして、監査において重要なポイントは「独立した立場」という部分です。監査制度は、公認会計士がしっかり監査をすることが前提の制度ですが、公認会計士が行った監査に対して、財務諸表（以下「決算書」とします）を利用する人たち（以下「決算書利用者」とします）から、公認会計士の監査済みの決算書について「彼らが重要な誤りはないと言っているのなら大丈夫だろう」と信頼されることも重要な要素です。

そのためには、監査をする人が会社の関係者など内部の人間であっては信頼できません。つまり、「しっかり監査すること」と「独立した立場」は、監査制度の信頼に関わる車の両輪のような関係にあり、どちらも欠けてはいけないものです。前者は実質の話で、後者は枠組みの話です。独立した立場ではない人がどれだけしっかり監査をしたとしても、決算書の利用者は信頼できませんし、逆に独立した立場の人であってもゆるい監査を行い決算書の誤りを見逃してしまったとしたら、決算書利用者は不測の損害を被ってしまいます。

3. 成果物は監査報告書

監査手続を済ませた結果、会社の会計処理に重要な誤りがないと判断したら、監査人は「監査報告書」を発行します。一部の情報（「監査上の主要な検討事項」（KAM：Key Audit Matters））を除き定型的な文言が並ぶ数ページ程度のものですが、決算書を外部へ公表する上で欠かせないものです。経理担当者にとっては、監査報告書を発行してもらうために膨大な監査手続の対応をしていると言っても過言ではありません。

4. 会計処理の誤りを全部見つけるわけではない

監査人は、監査を受ける会社の会計処理の誤りを全て見つけようとしているわけではありません。時間的制約がある中で、「(会計処理の誤りによって）決算書利用者の判断を間違わせない」という目的を達成する必要があるからです。逆に言うと、判断を間違わせない程度の会計処理の誤りは（見つけてもいいですが）積極的に見つけにいく必要はありません。監査では「重要性」というトピックが出てきますが、これは「決算書利用者の判断を間違わせる水準の会計処理の誤り＝重要性あり」という考え方がベースになっています。

5. 訂正はどの程度のレベルから必要か？

重要性がある会計処理の誤りを訂正します。一方で、軽微な誤り（重要性がないもの）を訂正するか否かは監査を受ける会社の裁量次第です。

2 なぜ監査は必要なのか?

図2

1. 監査がない世界を想像すると？

決算をするだけでも大変な上に監査対応も必要となると、経理担当者にとっては決して少なくない負担です。「いっそ、監査がなければどれだけ楽になるだろうか……」という気持ちになるかもしれませんが、マーケットでお金が流通する上で、監査は絶対になくてはならないものです。監査がない世界を想像すると、その必要性が見えてきます。

例えば、会社が資金調達をする場面を考えてみましょう。決算書の利用者は会社の内部事情は知り得ませんから、会社が公表している決算書を見て会社の財務状況を把握するしかありません。誰しも倒産するかもしれないような危ない会社へ投資をしたいと思う人はいないでしょうから、通常であれば決算内容が良い会社にお金が流れていきます。一方で、社長の立場からすれば、銀行融資であれ新株発行であれ、極力良い条件で資金調達をしたいわけです。であれば、監査がない世界では、チェックがないのをいいことに状況が芳しくない会社ほど決算書では自社の状況を実態よりも良く見せようとする動機が働く可能性があります。

仮に決算書の利用者が、実態とはかけ離れた、誰もその内容をチェックしていない決算書を見て投資判断をすると、実は財務状況が悪く、投資した会社が突然倒産してしまったなんてことも起こり得ます。そのようなことがあれば誰も決算書を信頼しなくなり、投資家は投資をためらうようになり、やがてマーケットでのお金の流れが滞るようになるでしょう。つまり、監査がない世界では、投資家がリスクを抱えることになるため投資に二の足を踏んで資金の流れが滞り、資金を欲している真面目な会社でさえも資金調達がうまくできず、経済活動が停滞します。健全なマーケットの維持運営と投資の流れを生み出すためにも、監査という制度は必要不可欠なのです。

2. 重要なのは投資家の判断にどう影響するか

会社を取り巻くマーケットにおいて資金がスムーズに循環するためには、会社の財務状況を示す決算書への信頼確保が欠かせません。マーケットに参加している投資家が決算書を読んで、投資判断をするからです。ですから、投資家の関心に注意を払って会計ルールが作られています。近年の会計ルールで見かける「経済的便益（要するにお金の増加をもたらす能力）」という用語は投資家の関心の高さを示す例です。監査も、仮に会計処理の誤りがあった場合に投資家の判断を誤らせるかという視点で、監査を受ける会社へ修正を求めるか否かを判断します。このように、決算・監査では、（他にも目的はありますが）「投資家の判断にどう影響するか？」を中心に据えてルール整備されている面が色濃いと言えます。

3. 二重責任の原則

監査人が適正意見を出したら、経営者（会社側）は何も責任を負わないという誤解を耳にしたことはないでしょうか？ たしかに、決算書が会計ルールに則っているかをチェックするのが監査人の仕事ですが、それは決算書を作った会社の責任が免除されることを意味するわけではありません。ルールに則った決算書を作る責任は経営者（会社側）にあり、自らが表明した監査意見に対して責任を負うのが監査人です。このように、適切な決算書を作る責任と、監査をして表明した意見に対して負う責任は全くの別物です。このような考え方を、二重責任の原則と言います。

3 監査人ってどんな人?

図3

1	2	3	4
要件	監査法人	監査チーム	審査
能力と独立した立場	公認会計士等が集まり作る組織	自社を担当する公認会計士等の集まり	手続と意見案をチェックする

1. どんな人でなければいけないか?(監査人の要件)

監査人は、少なくとも2つの要件を満たしている必要があります。1つ目が能力です。近年の会計ルールはどんどん複雑化している上に、会社・決算書を取り巻くルールは会計だけではありません(例えば会社法や取引所の規則)。そういった、決算書が適切に作成されているか否かを判断するのに欠かせない知識を持っていることが、監査人には求められます。2つ目は、前述しましたが、監査を受ける会社から独立した立場であることです。仮に高度な知識を持っていたとしても、会社との関係が深く独立した立場ではない人が「この決算書は問題ないです」と意見を言ったところで、その意見へ信頼を寄せるのは難しいためです。このような人が、しっかり監査をすることではじめて、監査や決算書が信頼されます。

2. 監査法人って何?

監査法人は、監査を担当する会社のようなもので、公認会計士等が集まって作られた組織です。公認会計士が5人以上集まって組織(=法人)を作り、監査を行う制度が採用されており、このような組織のことを、監査法人と言います。監査を受ける会社の規模は大きくなり、監査判断をする上で求められる知識や経験は、ますます高度化しています。仮に監査判断が間違っていて何らかの責任が生じたとしても、大きな組織であれば対応が可能という考え方も背景にあります。

3. 監査チームって？

監査チームは、簡単に言うと、監査先の会社を担当する公認会計士等の集まり（まさにチーム）のようなものです。公認会計士が集まって監査法人が作られているといっても、監査法人に所属する公認会計士全員で1つの会社の監査を担当するわけではありません。小さい会社の場合は業務執行社員のほか数人の公認会計士等がチームを作り、監査を担当します。監査チームは、監査報告書にサインをして監査意見に責任を負う業務執行社員、現場を取りまとめる主査・インチャージ、そしてその他のスタッフから構成されています。日常的な監査や会計トピックの協議・相談は主査・インチャージに行い、監査意見を左右するような大きな会計トピックの協議・相談は業務執行社員と行います。

4. 審査って？

近年は監査の判断がますます高度化している上に、相次ぐ不適切会計を防ぐ必要性もあり、監査チームだけで監査手続・判断が完結しない仕組みになっています。つまり、監査チームに所属しない公認会計士が、監査チームの行った監査手続とその意見案が適切かどうかをチェックします。この仕組み・制度を、「審査」と言います。 重要な会計トピックの会計処理が審査でOKをもらえるかどうかは、期末決算を無事に終えるための最大の関門と言ってもいいでしょう。

4 経理担当者にとって監査とは?

経理担当者にとって監査とは何か、監査人とどのような関わりを持つのかを紹介します。

図4

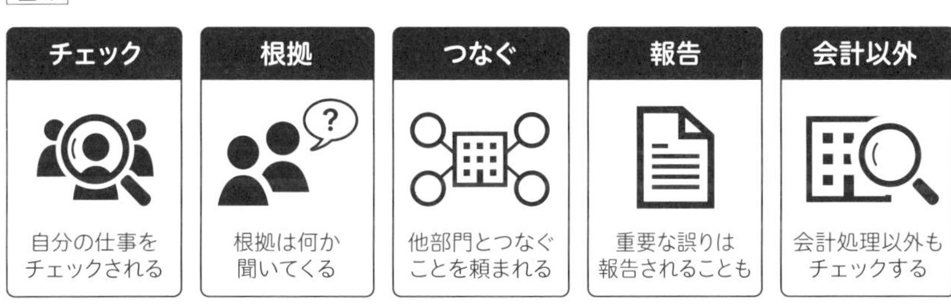

1. 自分(経理担当者)の仕事をチェックされる

たくさんの業務を抱えている経理担当者ですが、最大の仕事はやはり会計処理(仕訳)でしょう。決算書がルール通りに作られているかを確かめるのが監査人の仕事ですから、監査人は決算書の前提になる会計処理をしっかりチェックします。

2. 会計処理の根拠を聞いてくる

監査人は、会計処理(仕訳)だけを見てそれが正しいか否かを判断するわけではありません。その会計処理の背景にある根拠資料や情報を会計処理と照らし合わせて、正しいか否かを判断します。ですから、監査人へ仕訳データを見せたらそれで経理の仕事が終わるわけではなく、監査人は経理担当者へ質問や根拠資料を依頼してくることもあります。

3. 他部門とつなぐことを依頼される

監査手続は、経理担当者への質問・資料依頼だけでは終わりません。会社には、営業部門をはじめさまざまな部門があるので、会計処理が正しいか否かを確かめるには、会計処理と関係のあるさまざまな部門に質問をしたり、資料の提供を求める必要があったりします。監査対応の窓口は経理部になることが多いので、監査人が接点を持ちたい部門と監査人をつなぐ役割を経理担当者が担うことを期待されることがあります。

4. 会計処理の誤りを経営陣に報告されることも

全ての会計処理を完璧に間違いなく行えれば良いのですが、経理担当者も人間なのでミスもあるでしょう。とはいえ、監査手続の過程で何らかの会計処理の誤りが発見され、それが監査人の考える重要な金額を超えていたら、経営陣へ報告されてしまいます。もっとも、監査人が経理担当者へ悪意を持っているわけではなく、監査ルールでそのような対応をすることが求められているためです。

5. 会計処理以外のこともチェックされる

相次ぐ会計不祥事を受けて監査の厳格化が進んでいますが、その流れの一環で、会計処理以外のチェックをすることも求められるようになりました。財務報告に係る内部統制報告制度と言われるもので、「会計処理の前提になる業務がしっかり行われているかもチェックしないと、会計処理が適切だったかどうかは判断できない」という考えが背景にあります。そのため、一見すると会計処理と直接関係のないこともチェックされることがあります。

5 監査スケジュールを考えるときに意識すべきこと

図5

1	2	3	4	5
期限	審査	手続	処理済	調整
有報や四報の提出期限	監査手続の後に受ける	すぐには終わらない	仕訳後に監査する	会社と監査人で調整が必要

1. 有価証券報告書・四半期報告書の提出期限を視野に

監査（レビュー）報告の主な対象は、金融商品取引法（金商法）監査を前提とすると有価証券報告書（有報）や四半期報告書（四報）などに載っている決算書です。有報や四報には提出期限があるので、監査（レビュー）手続が遅れて、提出期限までに間に合わない展開は避けなければいけません。つまり、監査（レビュー）手続をいつ行うかは、有報や四報の提出期限をにらみながら組み立てられています。

2. 監査手続が終わったら審査を受ける

監査制度の一環で審査があるのは先述の通りですが、審査は「監査手続をしっかり行ったか？（＝不足はないか)」「監査判断は適切だったか?」を確かめる作業です。つまり、監査手続が終わって監査意見案ができた状況で受けるのが審査です。監査手続が終わらないと審査を受けることができず、有報や四報の提出に支障が出ますし、取引所への上場維持にも悪影響が及びかねません。従って、経理担当者としても、提出期限までに審査が終わるように監査手続に積極的に協力する必要があります。

3. 監査手続はすぐに終わらない

監査手続は監査人の感覚で進めているのではなく、どのような監査手続を行う必要があるかは監査ルールで厳密に定められています。監査ルールは、非常に多くの監査手続を行うことを監査人へ求めているので、決算書のドラフトや会計処理のデータを監査人へ提供したらすぐに終わるわけではありません。監査人がすぐに監査手続を終えてくれるという前提でスケジュールを組むと、結果的にしわ寄せは経理担当者にきます。

4. 会計処理済が前提

監査手続は、会社の行った会計処理が会計ルールに則っているかを確かめるものです。すなわち、会計処理ができていないと、監査手続を進めることができません。監査の日程がある程度決まっているのにチェックする対象の会計処理がなくて、監査人が監査部屋で待ちぼうけなんて展開は、経理担当者としては避けましょう。

5. 会社の求める期限と監査する日数の程良い調整が必要

経理担当者はたくさんの仕事を抱えているので、決算を締める期限ギリギリまで監査手続を待ってほしいのが本音でしょう。決算を締める作業が終わっていないのに、あれこれ質問・資料依頼をされると、会計処理が滞ってしまうからです。一方の監査人も、無限に監査スタッフがいるわけではなく、彼らのクライアントの決算期や監査の時期も似たタイミングとなり、人手が足りなくなりがちです。例えば3月決算であれば、4月の第4週あたりは、どの会社も監査手続をしてほしいタイミングと言えます。つまり、監査を受ける会社側のニーズ（＝監査してほしい時期）と監査をする側（＝監査法人）のリソース

（＝監査手続をするスタッフの数や時間）にミスマッチが起きやすくなります。安くはない監査報酬を払っている会社の立場としては、自分達の求めるタイミングで監査手続をしてほしいところですが、相手あっての話です。ですから、監査人の事情（＝リソース）への理解を示しつつ、可能な限り自社の求めるタイミングで十分な監査スタッフを充当してもらえるように交渉するのが、経理担当者の腕の見せ所です。

第2節 具体的な監査手続

監査のイメージがつかめたら、次は具体的な監査手続の入門知識を押さえておきましょう。ルールに則った適正な期末決算を実現するために、必要不可欠な監査手続だけを行ってもらえるようなスムーズな監査対応を本書では「ミニマム対応」（まえがき参照）と呼ぶことにしますが、そのためには監査ルールに対する知識がある程度は必要です。ただし、経理担当者が監査ルールを隅々まで理解することは不要で、簡単な全体像と基本的な監査手続を知っておくだけで十分です。

1 監査人の習性

監査人も十人十色なので、時には監査人から意図がつかみにくい質問をされることがあると思います。以下では、監査人がどのような心理で監査を進めようとしているのかを筆者の経験から説明します。全ての監査人に当てはまるわけではないと思いますが、監査人心理を推察し、質問に対して的確な回答をするためのご参考になれば幸いです。

1. 監査人はまず前期比較がしたい

⑴ 前期比較をしたがる理由

まず前提として、監査人は既に監査済である前期の決算書の金額との比較をしたがる傾向があるということをご理解ください。前期の金額は既に監査済なので、金額が前期から動いたときにその理由がつかめて合理的であれば、当期に大きな会計処理の誤りはないだろうという発想です。つまり、細かい監査手続へ入る前にまずは全体を俯瞰してみようというような監査手続です。

⑵ 比較の意味

比較というと、単に金額の増減を把握してその理由を説明するだけというイメージがあるかもしれませんが、実は深い意味のある手続です。詳しくは以下で解説しますが、監査人は金額が増える、あるいは減るはずの状況の有無を先に確かめます。つまり、「増減していないからOK」ではなく、会社がどのような状況に置かれているか、そしてその状況が正しく決算書の数字に反映されているかどうかが重要なのです。従って、経理担当者が監査人からの金額の増減に関する質問に合理的な回答をするためには、前期の会社の状況や経営環境が当期にどのように変わったのかを把握した上で、「増えるはず／減るはず」というあるべき状況をつかみます。その上で、あるべき状況通りに増減したかを確認します。

2. 変わったことと変わっていないこと ——経営環境・事業・得意先・取引等

では、監査人が最初に確かめたい金額が増える、あるいは減るはずの状況の有無について、どのように確認を進めていくのかを以下で説明します。まず前期比較をするときは、前期と何が変わって、何が変わっていないのかを確かめにいきます。具体的には「経営環境」、「事業」、「取引先や得意先の状況」、「商流の変化」といったチェックポイントがあります。売上高を例にそれぞれ見ていきましょう。

図6 監査人が最初に確かめたいこと

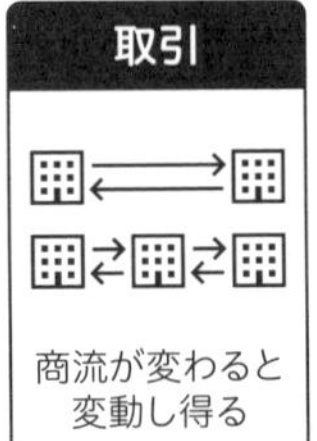

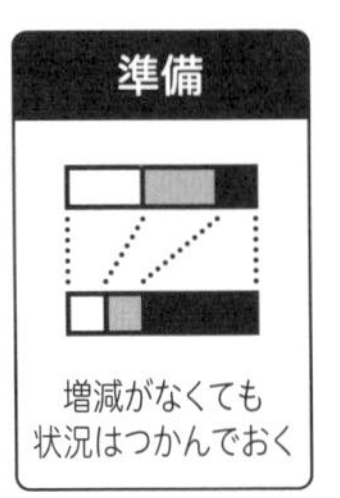

⑴ 経営環境

例えばリーマンショックのように、マーケット全体が縮小するような状況になったら、売上高は全般的に減少します。ですから、増減分析をするときは、市場全体の状況をはじめに把握し、自社を取り巻く経営環境について確認します。

⑵ 事業

新しい事業を立ち上げたら、これまで売掛金の得意先別残高明細には載っていなかった新しい得意先の残高が急に出てくることもあります。ですから、新しい得意先の残高が目にとまるのは当然と言えるでしょう。

⑶ 得意先の状況

たとえ、どんなに懇意にしていてもビジネスですから、倒産リスクを恐れて、財政状態が厳しくなった得意先とは取引量を絞ることがあるかもしれません。取引量が減れば取引金額も減ることが自然なので、得意先との関係・状況変化も把握しにいきます。

⑷ 商流の変化

⑶とは逆に、新しい得意先と取引を始めたり、商社や代理店を通した取引へと変更することがあります。商流が変わると、決算書に載る勘定の金額にも影響するので、監査人は商流変化についても把握しておく必要があります。売上高にかかわるところなので、やはり慎重になります。

⑸ 補足 金額が大きく増減しなくても準備は必要

金額の増減がなかったとしても安心はできません。結果的に比較対象期と当期の金額に大きな増減がなかっただけで、中身を見てみたらその内容が大きく変わっているということもありえます。経理担当者としては、監査人から質問がある前提であらかじめ比較対象期と当期で変わったことや、その変化によるおおよその影響額はつかんでおいた方がいいでしょう。「金額が大きく増減していない＝何もしなくていい」ではないという点にご注意ください。

3. B/Sは「vs前期末」でP/Lは「vs前年同期」と比較

有価証券報告書や四半期報告書では、監査・レビュー対象の期間の金額だけが載っているわけではなく、過去の期間の金額も載っています。比較形式にすることで、当期・当四半期の金額の理解を深めるためです。ドラフトの有価証券報告書や四半期報告書の金額を比較した結果、増減の理由が合理的に説明できるのなら、会計処理は適切になされている可能性が高いという印象を持つことができます。もちろん印象だけではなく、監査・レビュー手続を経て判断することにはなります。そこで、それぞれの報告書ごとに比較方法を取り上げて、監査対応においてどのような増減理由の説明が求められるかを紹介します。

なお、説明をシンプルにするために、連結会計年度のことを「当期」「前期」という表現を用いることとします（連結財務諸表作成会社を前提）。

(1) 有価証券報告書

図7 有価証券報告書の前期比較

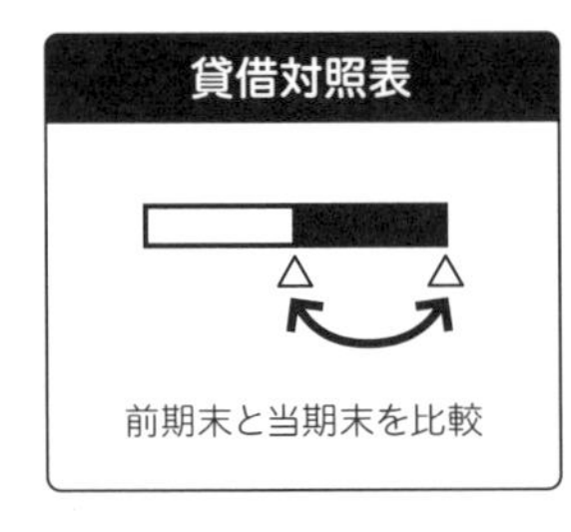

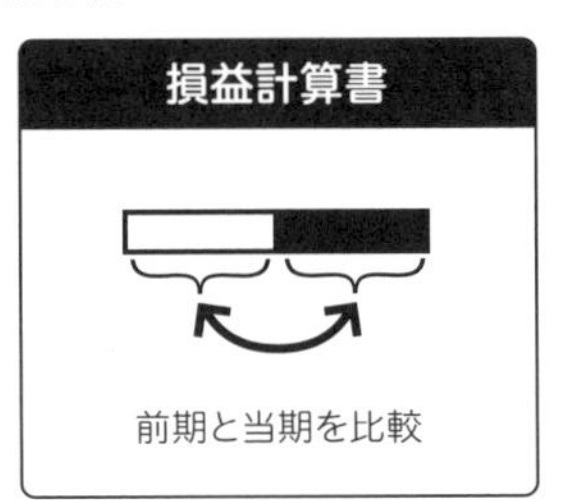

① 貸借対照表項目

前期末と当期末の残高が比較形式で並べられています。期末決算での貸借対照表項目の監査対応では、前期末と当期末の残高を比較して、増減理由を説明します。なお、期末日の正式な名称は「連結会計年度末」です。

② 損益計算書項目

前期と当期の金額が、比較形式で並べられています。期末決算での損益項目の監査対応では、前期と当期の金額を比較して、増減理由を説明します。なお、会計期間の正式な名称は、「連結会計年度」です。

⑵ 四半期報告書

図8 四半期報告書の前期比較

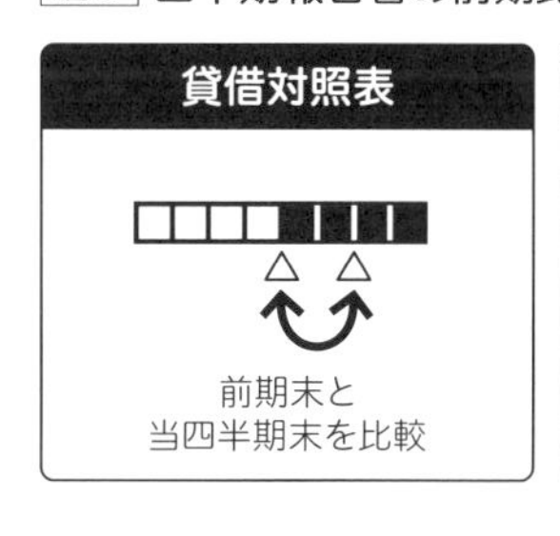

① 貸借対照表項目

前期末と当四半期末の残高が比較形式で並べられています。四半期での貸借対照表項目のレビュー対応では、前期末と当四半期末の残高を比較して、増減理由を説明します。なお、四半期末日の正式な名称は「四半期連結会計期間末」です。

② 損益計算書項目

前期の同四半期連結累計期間と当期の四半期連結累計期間の金額が、比較形式で並べられています。四半期での損益計算書項目のレビュー対応では、前期の同四半期連結累計期間と当期の四半期連結累計期間の金額を比較して、増減理由を説明します。

⑶ 監査人への増減要因の説明の仕方

ここからは、経理担当者目線での監査人に対する増減要因の説明の仕方をお伝えします。具体的には、以下の２つのポイントを押さえた回答をします。

① 変わったこと・変わっていないことを伝える

比較対象期の状況と変わったこと、変わっていないことをはじめに伝えます。何も変わっていなければ、比較対象期とほぼ同じ水準の金額になるはずだからです。逆に、本節[1]の２で解説したような状況が発生していれば、比較対象期より金額が増減するはずです。

② 影響額を添える

単に「新規得意先が増えたからです」の回答だけでは、「影響額はどの程度ですか?」と監査人の追加質問を誘発します。ですから、（根拠資料は求められたら出せばいいので）増減要因におおよその影響額を添えて回答すると納得してもらいやすくなります。

図9 増減要因の説明の仕方

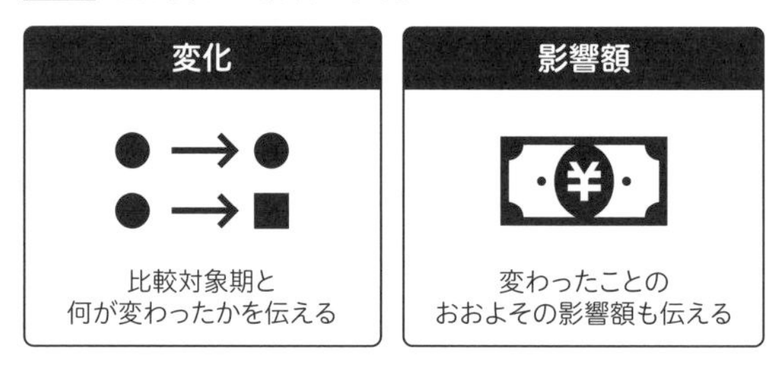

[2] 会社と接点のある主な監査のイベント

監査人はさまざまな手続をして、会社の会計処理が正しいことを確かめます。監査手続の中には経理担当者の同席や段取りを求めるものもあるので、会社・経理担当者と接点のある主な監査のイベント（≒監査手続）を紹介します。なお、本格的な内容は[3]であらためて解説します。

1. 監査手続の全体像をざっくり解説

簡単に言うと、監査手続は４つのステップから構成されます。監査計画を立てて、会計処理を誤るリスクの高いところを炙り出し、それを内部統制で防げているかをチェックし、そして最後に、会計処理が正しく行われているかを実際に確かめるという流れです。それぞれが関連し合っているので想定外の手続結果次第で計画の立て直しなどがありえますが、基本的なフローはこのようになります（実務はもっと複雑です）。

図10 監査の全体像（概要）

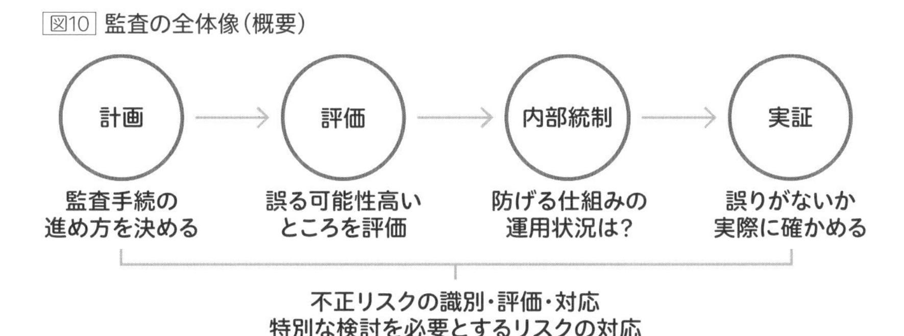

※実際の監査手続はもっと詳細で複雑です

2. 経営者等とのディスカッション

監査人が会社の経営者等（以下「社長」とします）へインタビューをする手続です。第２章第３節でも解説しますが、社長の性格や考え方は自社の方向性・風土へ強い影響を与えます。そのため、さまざまな質問を通じて、社長の気質が会社の会計処理・決算へどのような影響を与えるのかを評価する必要があります。簡単な一例を紹介すると、社長とのディスカッションで「売上高をどんどん伸ばせ!」といった強い考えを持っているという印象を受けることがあります。この場合は、社長の売上高への強い固執から、「売上高の前倒し計上」「架空売上」のリスクが高いと評価します。そうすると、監査手続では、「根拠資料のない売上高が計上されていないか確かめる」や「翌期に計上すべき売上高を前倒しで当期に取り込んでいないかチェックする」といった監査手続をより詳細に行っていくことになります。これはほんの一例ですが、社長の性格や考え方・姿勢が会計処理にどんなリスクをもたらすかをチェックするのが、社長とのディスカッションの目的のひとつです。

3. 期中の取引のテスト

⑴ どんな監査手続？

期末決算の金額を分析することで、会計処理が正しく行われているかのおおよその目安・見当は付きますが、この手続で会計処理の誤りを全て見つけられるわけではありません。そんな手続上の弱点を補強するのが、請求書や納品書をはじめとした根拠資料と会計処理（＝仕訳）を突き合わせる作業です（以下「取引のテスト」とします）。近年は実に多くの取引のテストを行う傾向が強くなっている印象です。経理担当者としては、どの取引が抽出されるかを知りたいところですが、監査人の判断の世界なので予測は難しいです。従って、依頼されてから準備せざるを得ません。

⑵ 会計期間の途中で手続することも可能

会社は1年を通して膨大な取引をしているので、監査人としてもわざわざ期末決算まで待つ必要はありません。会社が会計処理を終わらせて、根拠資料の整理ができたのなら、監査人は期中で取引のテストをすることも可能です。また、期末決算では監査人はさまざまな監査手続をする必要があり時間の制約もあるので、あらかじめ取引のテストを行っておけば、時間が逼迫するのを避けられます。そのため、年に何度かまとまった日数をとって、期中に取引のテストを行うこともあります。

⑶ おすすめのタイミング

期中の取引のテストの場合、具体的な日程は監査法人・監査を受ける会社によってさまざまですが、絶対ここでなければいけないというタイミングはないはずなので、会社側の融通がある程度利きます。経理担当者の方からも、比較的余裕のある時期を監査人側に相談してみてはいかがでしょうか。

図11 期中の取引のテスト

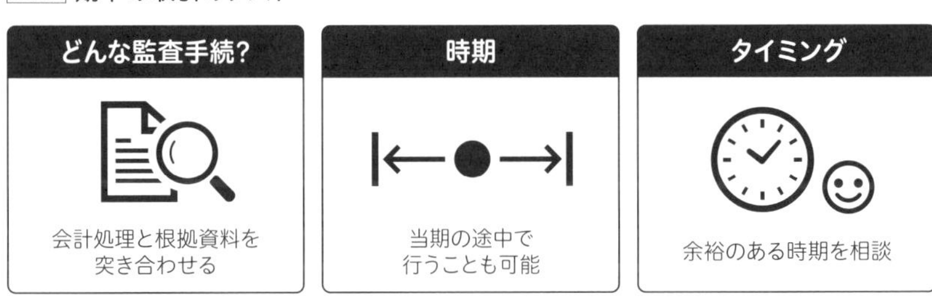

4. 支店往査

監査手続は、本社の経理部へ訪問して作業をするだけでは完結しません。会社にはさまざまな支店・営業所（以下「支店」とします）があり、支店独自の管理資料等が保管されていることもあるでしょう。また、支店の従業員からは本社では聞けない話や情報もあるはずです。そんな背景もあって、監査人は支店へ出向いて監査手続をする可能性があります。経理担当者も本社にいることが多いでしょうから、監査人と同行すれば、支店の生の話を聞けたり、日頃の経理業務で気になっていたこと等を聞く・確かめることも可能です。

5. 決算打ち合わせ

期末決算では会計帳簿の情報を集計・取りまとめる作業が中心ですが、その前に大事な作業があります。それが、決算打ち合わせです。期末決算の金額の見込がどうなりそうかが把握できたら、重要な会計トピックについて、監査人と協議をします。決算書にはさまざまな指標がありますが、重要視されるのは売上高や利益（営業利益や当期純利益など）です。そこで、売上高や利益をにらみながら、主な会計トピックの処理の方向性を決めます。

6. 実査

当期末日以降に資産の現物を確かめる監査手続で、例えば現金実査があります。経理担当者が資産の現物を監査人のオフィスへ持っていくわけにはいかないので、監査人が監査を受ける会社へ来て資産をカウントします。

図12 主な監査のイベント①

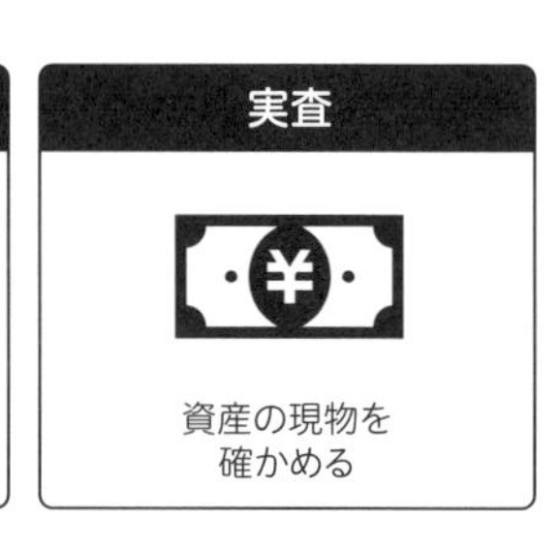

7. 確認

監査を受ける会社の得意先・取引先に監査人が確認依頼を送付し、会社の債権債務の金額等が正しいかを確かめる監査手続です。監査人が無断で確認依頼を送付することはないので、経理担当者と打ち合わせつつ監査手続を進めます。

8. 顧問弁護士への質問書の送付

監査を受ける会社は訴訟案件を抱えることもあり、訴訟案件の動向次第では期末決算に大きな影響を与えることもあります。一方で訴訟案件の動向や見通しの判断は、弁護士の高度な知見を必要とするので、監査人が質問書を送って確かめることがあります。顧問弁護士への質問書も、監査人が無断で送付することはないので、経理担当者と打ち合わせつつ監査手続を進めます。後述の「③主な監査手続とその対応」において詳細を説明します。

9. 実地棚卸の立会

実地棚卸は、当期の最終日に棚卸資産が帳簿通りに存在しているのかを監査を受ける会社自身が確かめる作業で、それが適切に行われているかを監査人が確かめる監査手続が実地棚卸の立会です。実地棚卸の立会では監査を受ける会社の倉庫等に監査人が訪問して、実地棚卸の実施状況を観察をしつつ、時折テスト・カウントをします。実地棚卸の立会とテスト・カウントについて、後述の「③主な監査手続とその対応」において詳細を説明します。

図13 主な監査のイベント②

10. 結果報告会

監査手続をしたあとに、どんな問題点があってどう判断したのかを、会社の監査役会へ報告することがあります。監査対応はおおむね経理担当者が行うので、監査を受ける会社の監査役と監査人が直接面会する貴重な機会です。

11. 四半期レビュー

⑴ 意味

年に３回ある四半期決算で行われる、いわばざっくり版の監査のことをいいます。期末監査とは保証のレベルに差をつけるため、「監査」という用語は使わずに「レビュー」という用語を使います。ですから、レビューの最後に受け取る書類も、「監査報告書」ではなく「(四半期）レビュー報告書」という名前です。なお、当トピックは制度変更が議論されているので、注目です（2023年９月時点)。

⑵ 特徴

質問と分析が中心になります。監査というと、さまざまな資料・書類をひたすらチェックするイメージがありますが、四半期レビューでは資料・書類のチェックは限定的で、もっぱら質問・分析に重心を置いた手続になります。「四半期の監査で資料を見せたような……？」という記憶があるかもしれませんが、それは「四半期レビュー」ではなく「期末監査」の一環の監査手続の可能性が考えられます。

図14 四半期レビュー

3 主な監査手続

1. 最低限の監査知識

どのような場面でどのような監査手続をするかについては、監査基準や監査基準報告書等（以下「監基報」とします）、膨大なルールがあります。全体像としては「監査基準」という基本原則が中心にあって、監査基準をブレークダウンした規定として監基報などが膨大に整備されています。監基報には、監査人が行うべき監査手続が列挙されていますが、「収益認識に関する会計基準」に代表される最近の会計ルールと同様に、翻訳調の雰囲気が色濃く出ている上に抽象的で、読むのに少なからず抵抗感を感じると思います。一方で、ミニマム対応のために監基報の熟読が経理担当者に必要かというとそうではなく、ルールの深い理解は全く不要です。そこで以下では経理担当者が知っておくと得する最低限の監査知識を、監基報をベースに紹介します。

⑴ 監査手続の基本的な考え方

① 基本方針

監査ルールでは、全ての会計処理をくまなくチェックして、全ての誤りを見つけることは求められていません。「決算書の読者が判断を間違えるような（＝重要な）会計処理の誤りを見逃さない」が基本方針です。

② 監査手続の構成

⒜ 全体像

会計処理の誤りが発生する可能性が高いのはどこか、という評価から始めます（＝リスク評価）。そして、リスク評価の結果を受けて、会計処理の誤りを防止するために監査を受ける会社が作った仕組み（＝内部統制）が、実際に内部統制のルール通り運用されているかを確かめます（「運用評価手続」と言います）。そして、その結果を受けて実際に会計処理の裏付資料と照らし合わせる等の監査手続や分析的手続を実施し、決算書の読者の判断を間違えさせるような会計処理の誤りがないことを確かめます（「実証手続」と言います）。

⒝ 運用評価と実証手続の関係

内部統制で会計処理の誤りをしっかり防げているという評価ならば、期末の監査手続では相応の実証手続で良いですが、内部統制の運用評価が芳しくない結果であれば、期末の実証手続ではよりしっかりとしたチェックが求められるという関係があります。

③ 分析的手続との組み合わせ

むやみに会計処理と根拠資料の突き合わせだけをすればいいというわけではありません。もちろん、根拠資料のチェックは重要ですが、決算書や残高試算表に載っている情報をあらかじめ分析することで、会計処理の誤りが発生していそうなポイントを嗅ぎ分けることができます。つまり、分析的手続もあわせて行うということです。分析的手続の詳細については後述します。

図15 監査手続の基本的な考え方

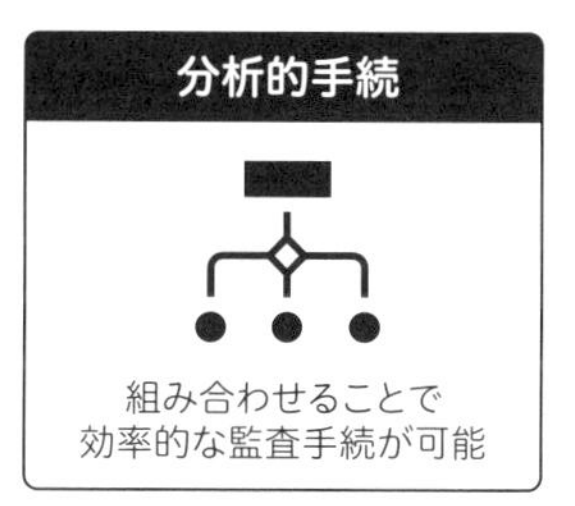

(2) 確認

① どんな監査手続？

監査を受ける会社を通さずに、残高等の情報の正確性を得意先等へ確かめて、回答を直接入手する手続です。具体的には「A社は、貴社に対する売掛金が3月末時点で1,000,000円あると言っていますが正しいですか？」のような内容で確認します（他にもあります）。監査を受ける会社を通さずに得意先等へ確かめるので、証拠力の強い監査手続です。

② 確認差異

監査人が確認先へ問い合わせた結果が、必ずしも会社の会計処理と一致しているとは限りません。確認手続は、確認依頼を第三者へ送ったら終わりではなく、会社の会計処理が正しいことを確かめる必要があります。①のケースであれば「いいえ、1,000,000円ではなく

800,000円です」という回答が返ってきた場合に、監査人は確認先が正しいのか、監査先のA社が正しいのかを確かめる作業を行うことになります。例えば売掛金なら、A社と取り交わした根拠資料をチェックしたり、確認先からの入金の事実を確認する等です。

③ 未回答の場合

得意先等に対して確認依頼を送ったものの、回答が返ってこないこともあります。確認先に手数料を払って確認手続をしているわけではなく、監査人と確認先は契約関係にあるわけでもないので、確認先が回答する法的な義務はないからです。確認はあくまで、確認先の善意を前提にした監査手続です。とはいえ未回答の場合は「回答がこなかったですね」で終わりではなく、代わりの手続が必要です。監査を受ける会社が決算書に載せた残高が本当に正しいのかどうかを、根拠資料（出荷書類・検収書・受領書・請求書等）や入金情報等をチェックして確かめます。

図16 確認

⑶ 実地棚卸の立会

① どんな監査手続？

帳簿に載っている棚卸資産がたしかに存在していること（＝実在

性）を、監査を受ける会社が自ら確かめるのが実地棚卸です。その実地棚卸が適切なルールのもとに行われているかを確かめるために、監査人が行う監査手続が実地棚卸の立会です。テスト・カウント（後述③参照）をしたり、実地棚卸結果の記録と管理のルールがどのように定められて実際に運用されているかを確かめます。

② 期末日以外の日の実地棚卸の立会

期末日当日に棚卸立会をするのが実務的に難しい場合は、期末日以外の日に棚卸立会をするケースがあります。期末日時点での帳簿に載っている棚卸資産が実在していることを確かめるのが監査手続の目的なので、実地棚卸をした日から期末日までに動いた棚卸資産が適切に帳簿へ反映されていることを確かめる必要があります。

③ テスト・カウント

監査人は会社が行った実地棚卸を全件チェックするわけではなく、必要に応じていくつかをサンプルとして抜き出して、実地棚卸のカウントが正しいかどうかをチェックします。これをテスト・カウントと言います。

図17 実地棚卸の立会

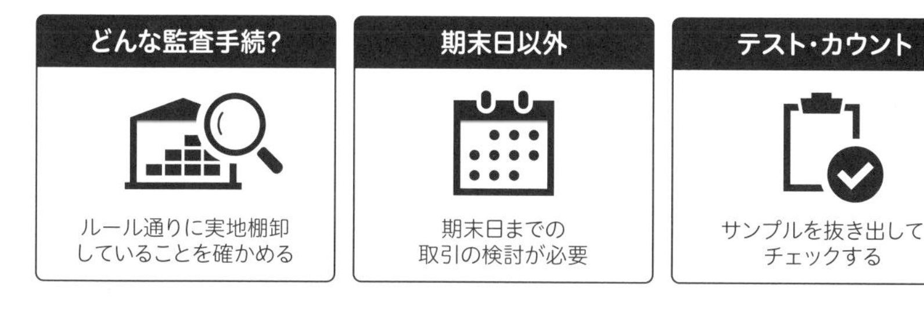

⑷ 顧問弁護士への質問書の送付

① どんな監査手続？

前述の通り監査人が顧問弁護士に質問書を送付する監査手続となります。監査を受ける会社は常に順風満帆というわけではなく、決算書に重要な影響を与える訴訟事件等に遭遇することもあり得ます。そんな時に監査を受ける会社は主に顧問弁護士へ担当を依頼するので、監査人はその顧問弁護士とコミュニケーションをとることで、監査を受ける会社が決算書に計上した引当金等が適切か、注記は適切か等を判断します。

② 質問書の送付

監査人は弁護士へ質問書を送付して、顧問弁護士が認識している全ての訴訟案件等について、結果がどうなると評価しているか、決算書へどのような影響を与えると想定されるか等を知らせてもらうよう依頼します。

⑸ 見積りの監査

① どんな監査手続？

例えば貸倒引当金の場合、引当対象の債権が本当に貸し倒れるかは将来になってみないとわかりません。つまり、当期の期末決算をする時点では、引当金の金額が「実績とズレるかもしれないし、ほぼ近い金額になるかもしれない」という状況です。このような背景もあり、正しく測定することができないという性質に影響される程度のことを、監査用語では「見積りの不確実性を伴う」と表現します。不確実性がある以上は、何らかの仮定を置いて集計したデータをもとに見積る必要があります。見積る金額次第では、決算をする会社の判断が決算書へ大きな影響を与えることがあります。そこで監査では、引当金のような見積項目にどの程度の不確実性があって、会計処理の誤りへつながり得るのかを評価して、監査を受ける会社がどのような見積りの仕方や仮定の設定・データを選んでいるか等を確かめます。

② 内部統制もチェック

見積りだからといって、「仮定計算します」だけでは不十分です。あらかじめ定めてあるルール通りに仮定を置いて、データを集め、計算して、それをチェックする仕組みを、監査を受ける会社がきちんと作って運用しているかどうかも監査手続ではチェックされます。その仕組みがいわゆる内部統制です。

③ 経営者の偏向に注意する

見積った金額は確定金額（＝実績）ではないので、仮定計算の方法次第では利益を恣意的に操作することもできてしまいます。決算書に含まれる見積り項目は複数あるので、1つ1つの見積項目の影響は些細でも、全体的に見れば利益を増やす方向へ見積られているなんてこともあり得ます。これを監査用語で「経営者の偏向」と言いますが、このような偏向が仮定の選択やデータの選び方などに出ていないかも慎重に検討します。

④ 遡及的な検討

見積った後に実績の金額が後日判明等したら、見積額と実績の金額を比較すること等で、当初の見積りは適切だったのかを確かめます。会計上の見積りの確定額（＝実績）と過去の見積額に差があってもそれが直ちに会計処理の誤りだとは判定されませんが、見積ったあとはどうでもいいというわけではない点に注意は必要です。

図18 見積りの監査

何をする?

仮定の設定や
使うデータ等に注目

内部統制

誤りを防止する仕組みが
運用されているか?

経営者の偏向

利益に偏った影響を
与えていないか?

遡及的な検討

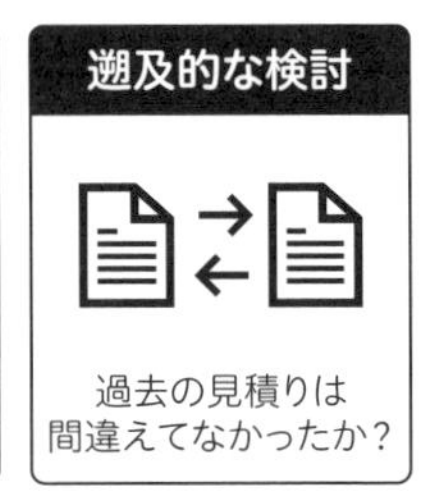

過去の見積りは
間違えてなかったか?

⑹ 分析的手続

① どんな監査手続?

全ての監査手続で会計帳簿と根拠資料を突き合わせる作業を繰り返すわけではありません。財務データ同士や財務データとそれ以外のデータ（＝非財務データ）の関係を用いて、財務データが適切かどうかを評価するという監査手続もあります。このような監査手続のことを、分析的手続といいます。

② 具体例

分析的手続の具体例を２つ紹介します。

⒜ 財務データ同士の関係

売上高と売上総利益のように、互いに関連する勘定科目の金額同士の比率を計算して、過去の比率と比較します。この例だといわゆる粗利率という指標で、当期と前期の粗利率を比較すると、当期の比率が妙に高い・低い等の特徴がわかり、その背後に隠れていることがある会計処理の誤り等を見つけることができます。

⒝ 財務データとそれ以外のデータ（＝非財務データ）との関係

人件費の勘定科目（給与手当等）の金額を年間平均従業員数で割った指標は、一人当たりの人件費となります。これを、過去のデータと比較することで、当期の一人当たり人件費が高く、あるいは低くなったことがわかります。仮に新入社員がほぼおらず退職者もいない中で、給与水準も変わらないにもかかわらず、一人当たり人件費が減っていたら人件費の計上漏れが発生している可能性があります。

図19 分析的手続

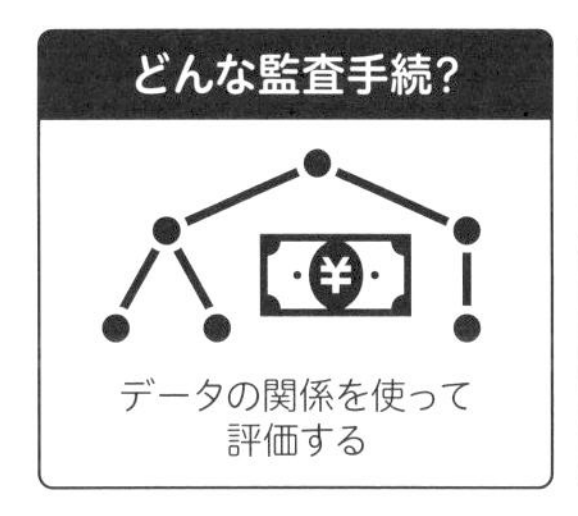

⑺ 不正リスク対応

① どんな監査手続？

近年の相次ぐ不適切会計を受けて強化されている監査手続です。「不正に伴って会計処理の重要な誤りが発生するリスクを把握・評価して、そのリスクに応じてしっかり監査しましょう」というスタンスの監査手続ですが抽象的なので、②以下でもう少し掘り下げてみます。

② 収益認識には不正リスクがある

監基報には、「売上を会計帳簿へ載せる会計処理（≒収益認識）には不正が起きるリスクがある」という推定を置いて、監査手続を進めることを求める旨がわざわざ明記されています。ですから、売上高の監査手続については、かなりしっかりチェックをすることが求められていると言えます。

③ 具体的な監査手続

具体的な監査手続についても監基報で示されています。例えば、いつもなら見かけない仕訳や修正処理を経理担当者へ質問したり、期末時点の仕訳入力や修正をピックアップしたり、見積りの会計処理が偏向していないか等を確かめることが求められています。

図20 不正リスク対応

2. 重要性について

⑴ 重要性の基準値って何？

簡単に言うと、「財務諸表に載っていたらNGな会計処理の誤りの金額」のことで、監基報では「財務諸表全体で重要であると判断する虚偽表示の金額」と書かれています。どんな監査手続をするのかの計画や監査判断の拠り所にする金額であり、会計ルールでときおり出てくる重要性とは違う次元の話です。

⑵ 監査人は教えてくれる？

制度趣旨を考えると、監査人は重要性の基準値を教えてくれない可能性が高いでしょう。むやみに会社へ教えてしまうと、重要性の金額を下回った会計処理の誤りや省略を誘発するので、それを避けるのが目的かもしれません。監査人が重要性の基準値を教えてくれない可能性が高い中で知りたいなら、推測せざるを得ません。推測のポイントは、重要性がある会計処理の誤りを見逃さないことが監査の最大の目的であるという点です。ですから、「この誤りは修正してください」との指摘を受けたら、その会計処理の誤りが近い金額なんだなと推測できます。

⑶ 基準値の変更

監査手続を進めている過程で重要性の基準値を変更する必要があると監査人が判断したら、基準値は変わります。つまり、いったん決まった後も重要性の基準値は動く可能性があるということです。

図21 重要性の前提知識

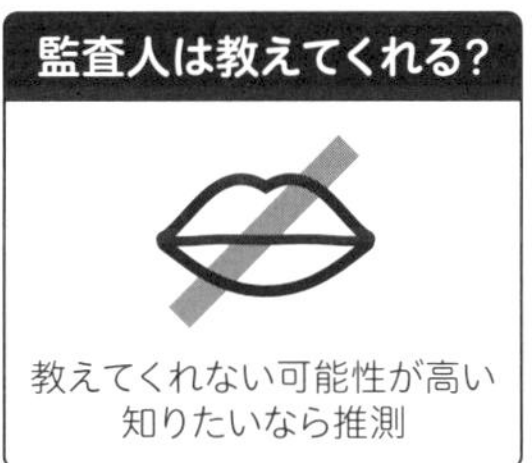

⑷ 何をベースに基準値を計算するの?

具体的な計算過程までは書かれていませんが、監基報でヒントになる情報が2つ書かれています。1つ目が、「最初に指標を選択し、その指標に対して特定の割合を適用する」です。つまり、重要性の基準値は、〇〇円×〇〇パーセントといったイメージで計算されていることがわかります。2つ目が指標の例で、税引前利益や売上高・売上総利益・純資産等が列挙されています。この2つの情報と(2)の話を総合すると、監査人がどのように重要性の基準値を計算しているのかつかめてくるのではないでしょうか。

図22 重要性の基準値の推測

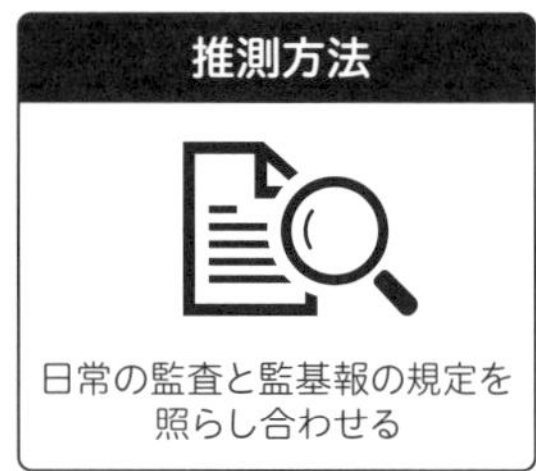

4 勘定科目別の監査手続

ここまで個々の監査手続の項目について説明してきましたが、経理担当者の方々にとっては「実際に、監査人は期末の監査でどのように監査手続を進めていくのか?」ということが気になるのではないでしょうか。監査手続の詳細な内容は個々の監査法人ごとに決められていて、その内容は一般に公開されることはありません。ですが、監査のルールに従って行う以上、ある程度似通った手続にはなるはずです。そこで以下では、筆者の経験から、もし筆者が監査人であれば実施したい監査手続を貸借対照表(B/S)と損益計算書(P/L)における勘定科目別に紹介します。

なお、以下で紹介する内容は「期末残高のチェック」を対象にした監査手続のほんの一例です。この他に実際の監査では、例えば別途内部統制の評価(整備・運用)も行います。それぞれの取引結果が会計帳簿へ適切に反映されるような仕組み（＝内部統制）を会社が作っているかどうか（＝整備評価）、そしてルール通りに仕組みを運用しているか（＝運用評価）を確かめる手続です。これまでも少し触れてはいますが、大きな話になるので、内部統制の評価に関する詳しい話は、別の機会に譲ります。また、本書は監査対応に主眼を置いているので、以下では主な監査手続のうち簡単な勘定科目に限定して紹介します。監査人の視点を知るための参考になれば幸いです。

1. 貸借対照表の監査手続

⑴ 現金預金

筆者が監査人なら、まずは現金や預金が本当にあるのか（＝実在性）をチェックしたいと考えます。ですので、例えば預金なら前述の「確認」の監査手続をして期末日時点での帳簿残高と一致しているかを確かめたり、現金であれば実際にカウント（＝実査）して帳簿残高との一致を確かめます。ですから、預金に関する経理側の準備としては、口座を作っている金融機関の一覧リストの提示等が中心の作業です。確認の監査手続は監査人自らの手で行う必要があるので、発送・回収手続そのものをサポートする手続は頼まれません。現金であれば、保管している現金を金種表・帳簿とともに提示します。

図23 現金預金の監査手続

⑵ 売掛金

売上高は数ある監査対象項目でも最重要の勘定科目と言えるので、売上高と密接な関係にある売掛金も重要な監査対象項目です。「確認」をはじめ、何ヶ月分の売上高が売掛金になっているかを分析する回転期間分析や増減分析、そして根拠資料との突き合わせ（＝取引のテスト）等、さまざまな監査手続が行われます。どの得意先へ確認をするかは監査人が決めるので、経理側の準備としては、監査人へ提示する売掛金の相手先別残高明細などの用意です。また、期末日後の入金記録の提示や、残高が大きく増えた・減った得意先の背景説明、そして取引の根拠資料等の提示も必要です。

図24 売掛金の監査手続

⑶ 棚卸資産

チェックポイントは2つです。1つ目は、帳簿に載っている棚卸資産が実在しているかどうか、2つ目は評価が適切かどうかです。前者を「実在性」と言い、主に実地棚卸の立会という手続により、帳簿に載っている棚卸資産が実在していることを確かめます。後者の「評価が適切かどうか」を確かめる手続はいくつかありますが、代表的な手続としては、荷動きが鈍い棚卸資産の評価が適切に引き下げられていることの確認等があります。そのためには、はじめに棚卸資産の回転期間などをチェックして、その上で棚卸資産の直近の出庫実績が低くなっていないかを確かめる必要があります。この場合の経理側の準備としては、前者の実在性のチェックにおいては期末時点での帳簿残高の内訳リストの用意です。リストに基づき会社は実地棚卸を、監査人は実地棚卸の立会を行います。また、後者の評価のチェックについては、直近1年から数年の棚卸資産別の出庫実績のリストを用意します。

図25 棚卸資産の監査手続

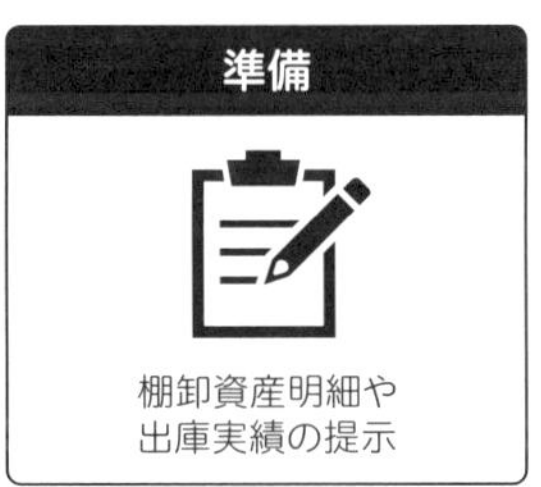

⑷ 投資有価証券

上場株式であれば特に難しい話はありません。時価が公表されるからです。時価をもとに評価差額金（税効果を含む）を計算したり、評価減をしているかを確かめます。一方で非上場株式の場合は、実質価額が著しく低下しているかを確かめていきます。その上で、著しく低下しているなら回復可能性をチェックの上、評価減の要否を検証します。

上場株式の場合は時価は調べればわかりますので、経理側の準備としては時価評価・評価減の計算資料の用意だけで十分です（但し、税効果会計の適用は別途検討が必要です）。一方、非上場株式の場合は決算書が公表されないので、投資先が決算書を作ったら、極力すぐに入手できるよう投資先へ依頼する必要があります。その上で、実質価額を計算し、回復可能性を裏付ける情報を入手しつつ、評価減の要否を判断します。

図26 **投資有価証券の監査手続**

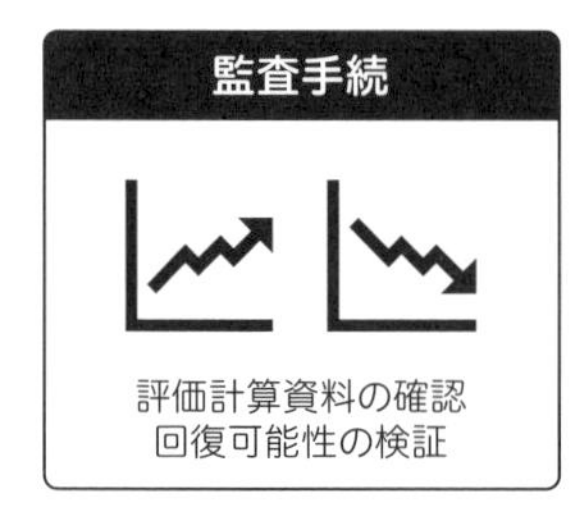

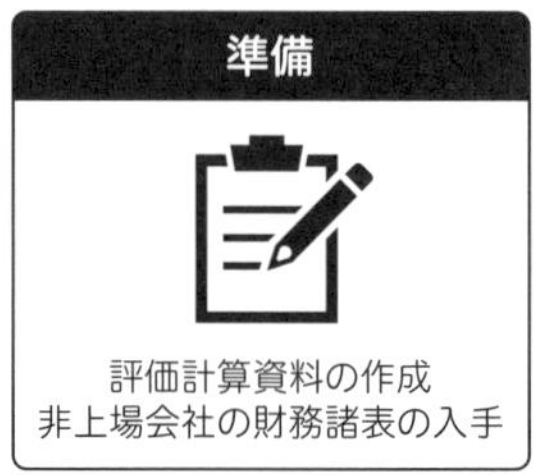

⑸ 貸付金

監査上のチェックポイントは3つ（回収可能性・長短区分・実在性）ありますが、特にトピックになるのは回収可能性です。スケジュール通りに貸付金が回収されているのかを確かめます。そのほかにも、重要な貸付先の業況・経営成績などを確かめます。経理側の準備としては、貸付金の回収スケジュールと入金の裏付資料を準備するとともに、重要な貸付先の業況・経営成績の情報（≒決算書）を集めておきます。

図27 **貸付金の監査手続**

⑹ 借入金

預金と同様に、金融機関への確認がメインの監査手続です。預金と同様に監査人は取引がある金融機関の一覧リストを会社から入手して、確認依頼を金融機関へ監査人が自ら送付して回収します。このほか、新規借入や借り換え時の契約を裏付ける資料と会計帳簿の突き合わせも行うことがあります。経理側の準備としては、預金の確認と同じく金融機関の一覧リストや契約を裏付ける資料の提示等が中心となります。

図28 借入金の監査手続

⑺ 未払金

計上が漏れていないかのチェックが中心となります。大口の取引先に対して「確認」をすることもあれば、期末日の後に届いた請求書等で、期末日時点で既に債務が発生しているものはないかチェックをすることもあります。経理側の準備としては、未払金の相手先別残高明細を作成・提示するとともに、監査人からリクエストのあった請求書等を用意することとなります。

図29 未払金の監査手続

(8) 引当金

監査を受ける会社があらかじめ決めている引当金の計上ルールに従って計算しているかをチェックします。また、過去に計上した引当金が、引当対象の費用・損失の実績に比べて明らかな差異がなかったかどうかもチェックしていきます。経理側で準備することとしては、例えば貸倒引当金であれば、引当対象の債権残高のように、引当対象の根拠資料も含めた計算根拠資料を作成・提示したり、引当対象の費用・損失の実績の情報も用意します。

図30 引当金の監査手続

2. 損益計算書の監査手続

(1) 売上高

売上高は、損益計算書のトップラインであり、決算書に載っている勘定科目の中で最も重要な項目と言ってもいいでしょう。過去の不適切会計の事例を見ると、かなりのケースで売上高の過大計上が行われています。そのため監査手続では、売上高の根拠資料（＝出荷書類や検収書等）と会計帳簿を突き合わせたり（＝取引のテスト）、期末日後の売上が前倒しで計上されていないか等を確かめます。経理側の準備では、基本的には売上高の根拠資料を集めるのが中心です。

図31 売上高の監査手続

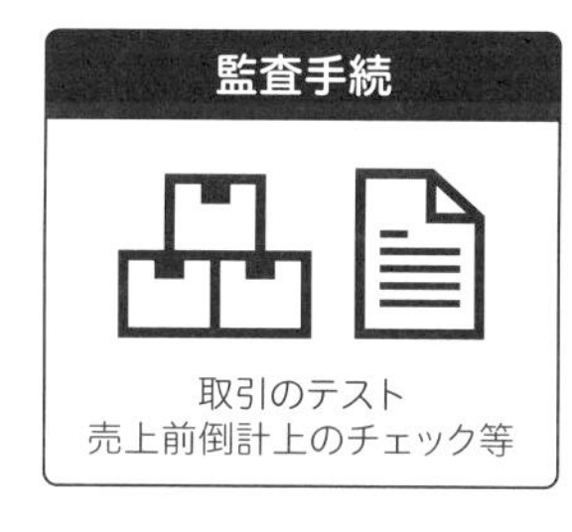

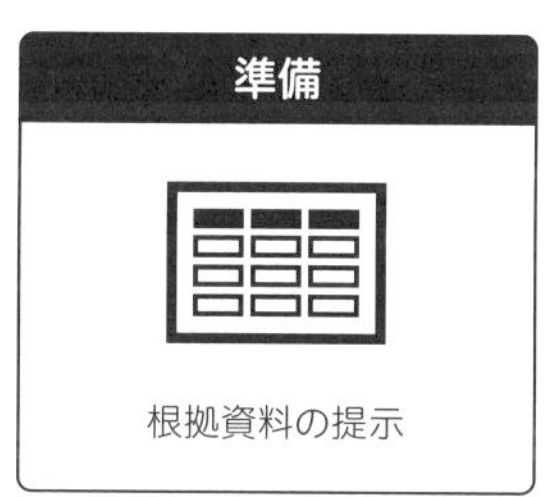

⑵ 売上原価

販売するために要したコストが適切に集計・反映されているかを確かめます。粗利率の傾向分析をして、売上原価の大きな計上漏れがないことを確かめつつ、製造業であれば、原価計算が適切に行われていることを確かめます。

原価計算は原価計算基準を除き厳密なルールはないので、監査を受ける会社によって計算の仕方はさまざまです。システムを使って膨大な計算をしているでしょうから、考えられる監査手続の一例を挙げると、監査人はまず計算フローを理解し、適切な情報（＝原価要素等）をインプットしていること、計算ミスをしていないこと、内部統制のチェックが適切に効いていることを確かめる監査手続等が想定されます。この場合、経理側の準備としては、粗利率の増減の説明をはじめ、原価計算フローの最新情報や原価計算で使ったインプット情報を提示し、その上で原価計算の資料を提示することが考えられます。

図32 売上原価の監査手続

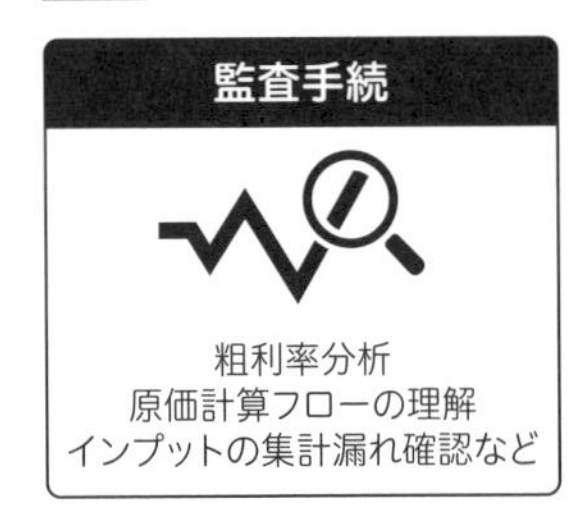

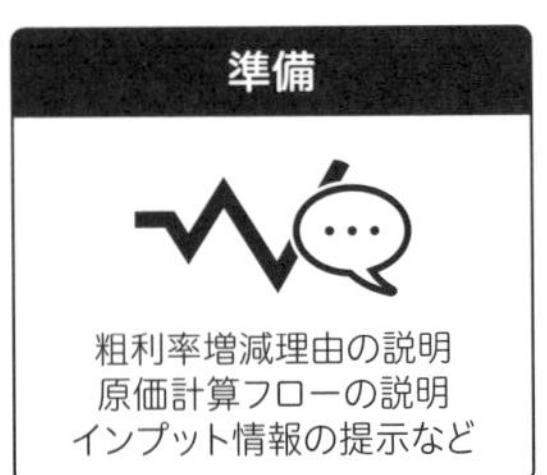

(3) 販売費及び一般管理費

オフィスの増床をした等の大きな動きがない限りは、販売費及び一般管理費は売上高に連動しつつおおむね同水準の金額が継続して計上される傾向があります。ですから、売上高と販売管理費の各項目の比率分析をベースにしつつ、取引のテストや大きな増減が発生したらその背景を確かめます。経理側の準備としては、期中の取引のテストでは依頼された取引の根拠資料を提示し、期末監査では、各種費用が増えた・減った要因を把握しておき、それを監査人の求めに応じて説明することとなります。

図33 販売費及び一般管理費の監査手続

第２章

相手を知り己を知る

第1節　意外にシンプル　監査人が考えていること

監査の基本知識の次は、監査を受ける会社と監査人にフォーカスします。自分とは異なる視点で見ることで、自分の違った一面が見えてくるためです。そこで第1節と第2節では監査人について、第3節では自社を知るということを解説します。

I　監査人が考えていること

図34

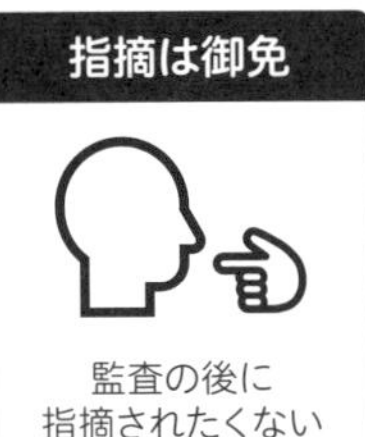

1. しっかり――監査手続を抜かりなくやりたい

監査人の仕事は、監査手続をしっかりやって会社の期末決算が滞りなく終わるよう、問題なく監査手続を終えることです。監査人の人事評価の指標は監査法人によってさまざまでしょうが、監査手続を抜かりなく頑張ってくれた人・問題なく監査手続を終えた人の評価を下げる理由はありません。ですから、監査人の関心の中心は、やはり「監査手続をしっかりやりたい」にあるでしょう。

2. 指摘は御免――監査手続の後に指摘されたくない

監査は、監査手続をして監査意見を表明したら終わりではありません。監査人は、監査手続の実施過程やその判断結果を監査調書として記録しますが、行った監査手続が適切だったのか、必要十分な監査手続だったのか、判断過程は正しかったのか等を、後でチェックされます。そして、もし「監査手続のチェック」で何らかの指摘を受けたら、組織人として得をすることはないでしょう。監査手続に問題があった、やっておくべき監査手続をしていなかったことになるからです。

3. ルール通り――会計ルールに忠実な会計処理を

監査手続は、監査を受ける会社の会計処理・期末決算が会計ルールに則って会計処理をしているかを確かめる作業です。一方で会計ルールの中には、明確な規定のないトピックもあります。世の中の会社の全ての取引を網羅して厳密にルール決めするのは現実的ではないからです。会計ルールに明記されているような取引の場合は、そのルール通りに会計処理を行います。しかし、どのルールに準拠するか判断の余地がある場合やルールが明確ではない場合は、同業他社の会計処理を参考にする傾向があります。横並び意識の強い国民性と、他社でもやっていれば悪い意味で目立つことはないという安心感も背景にあるのではないでしょうか。

また、期末&四半期決算では「重要性」の話が頻繁に出てきますが、監査人は重要性の基準となる金額を極力小さくしたいと考えます。重要性は、一定の金額以下なら「まぁ、これでもいいでしょう」という意味でもある一方で、具体的な金額は、会計ルールにも明確には載っていません。不相応に高い金額を重要性のラインとして認めてしまうと、「重要な会計処理の誤りを見逃した」という指摘につながる恐怖感を監査人は感じてしまうので、低い金額を好む傾向にあるというわけです。なお、他社事例を示す必要があるときには、どこの監査法人が監査意見を付けているかで決算書の信頼性に差はないものの、規模の大きい監査法人の監査意見が付いた決算書の方が好まれる印象はあります。

4. 環境――見積りの会計処理が増えている

相次ぐ不適切会計の発生を受け、求められる監査手続はますます増えています。会計ルールに目を移しても、見積りの会計処理がどんどん増えていて、絶対的な真実がない中で会計処理が適切だったかどうかの判断を求められるケースが増加しています。しかも、見積りの会計処理の結果が決算書へ与える影響も極めて大きくなっていますし、実績が出るまで時間もかかります。ですから、監査手続をチェックする側も、見積りの会計処理は大きな関心事です。このような環境下では、保守的な会計処理、利益が極力遅く発生する会計処理、多くの会社と横並びの会計処理を監査人が好むのも自然の成り行きと言えるでしょう。

第2節　監査人もチェックをされている

少し視点を変えて、監査人が受ける「監査手続のチェック」について見てみましょう。いわば監査の向こう側と言えますが、これを知っておくと、監査対応の手間を抑えつつ、先回りの監査対応をすることができます。

1　公認会計士・監査審査会の「監査事務所検査結果事例集」

図35　監査事務所検査

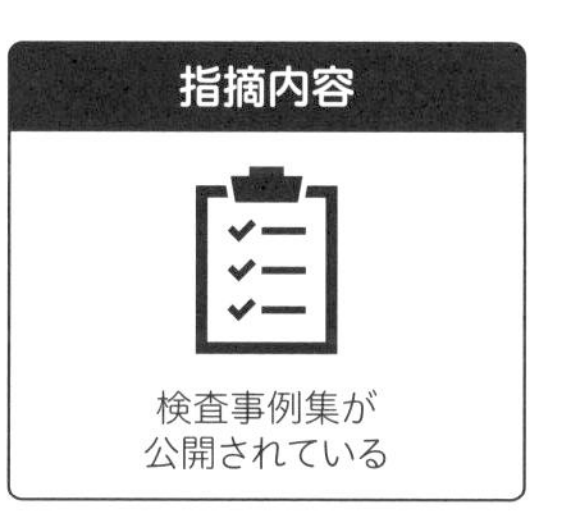

1. 審査会による監査手続のチェック

監査人は監査手続をしたら終わりではなく、監査した結果をまとめた監査調書をチェックされます。そんな制度の1つが、公認会計士・監査審査会による検査で、2で紹介する日本公認会計士協会（以下「会計士協会」とします）による品質管理レビューをチェックするという仕組みになっています。

2. どんな指摘があるの？

主だった指摘事項は、毎年公表される「監査事務所検査結果事例集」（以下「検査事例集」とします）に載っています。検査事例集を読むと、監査人がどんな指摘を受けているのかを知ることができますが、自社へ直接指摘されているわけではないと油断するのは禁物です。監査人が検査で指摘されているということは、「監査でそこをしっかり見なさい」と言われているのと同じことなので、今後の監査手続で重点チェックされるポイントでもあるということです。そこで、以下では、検査事例集で取り上げられている項目のうち、経理担当者が知っておいた方がいい項目の解釈と、考えられる経理担当者への影響をいくつか紹介します（2022年7月15日に公認会計士・監査審査会から公開された資料の解釈です）。

⑴ 確認

① 指摘内容の解釈

監査人が確認先へ直接問い合わせて回答を直接入手する監査手続なので、回答が監査を受ける会社経由で届いたり、ファックスでの回答の場合は、信頼性をしっかり確かめる監査手続をするように指摘されています。

② 経理担当者への影響

確認の回答が通常とは異なる方法で監査人に届いた場合は、追加の作業・問い合わせを依頼される可能性があります。

図36 確認の指摘

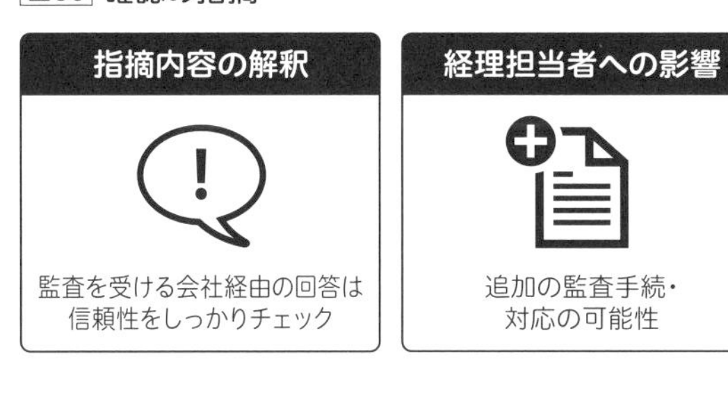

(2) 事業計画

① 指摘内容の解釈

事業計画の予測金額（＝事業計画値）を実績金額が下回った場合、その理由をしっかりと調査するように指摘されています。

② 経理担当者への影響

実績金額がなぜ事業計画の予測金額を下回ったのか質問される可能性があります。ですから、事業計画は作ったら終わりではなく、予測通りに実績が推移しているかを日常的に追いかけておいた方がいいでしょう。あらかじめエクセルで表を関数込みで作っておき、あとは実績金額をエクセルへ反映するだけの状況にしておくと、予測と実績に差異が発生したときに原因調査（＝関係部署へ問い合わせ）をスムーズに行えます。聞かれてから調べると手戻り感が大きく、日常業務の時間を圧迫してしまうので、避けた方がいいでしょう。

図37 事業計画の指摘

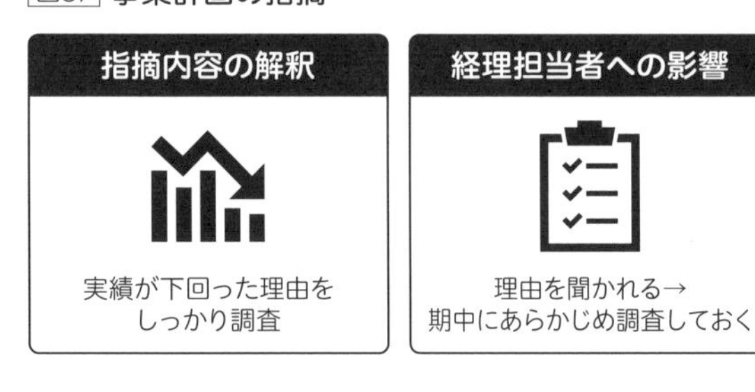

⑶ 子会社の業績回復の予測

① 指摘内容の解釈

クライアント（＝監査を受ける会社）から「子会社の売上や利益が大幅に改善する」と回答されたのなら、その裏付資料をしっかり入手するように指摘されています。

② 経理担当者への影響

子会社株式の評価等で議論になりやすいトピックですが、単なる努力目標ではなく、大口得意先からの受注情報などの実現可能性の高い情報が織り込まれている等の根拠を示す必要があります。

図38 子会社の業績回復の予測の指摘

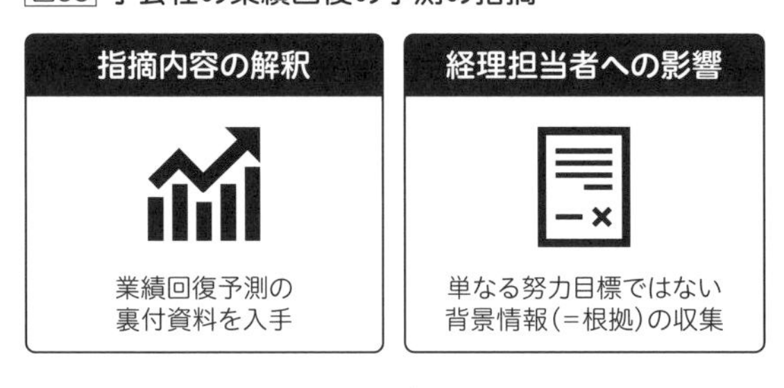

⑷ 見積りとの乖離

① 指摘内容の解釈

前年度の見積りと実績に乖離があったにもかかわらず、乖離額や理由の把握にとどまり、当年度の見積りへ反映（＝「考慮」と書かれています）していない旨の指摘がされています。

② 経理担当者への影響

乖離した理由の調査だけでなく、それを当年度の見積りにあたってどのように考慮したかの説明も求められます。したがって、無理気味の見積りをしてしまうと、（たとえ、会計処理の誤りと判断されなかったとしても）翌年度以降の決算へ重しになる可能性があります。

図39 見積りとの乖離の指摘

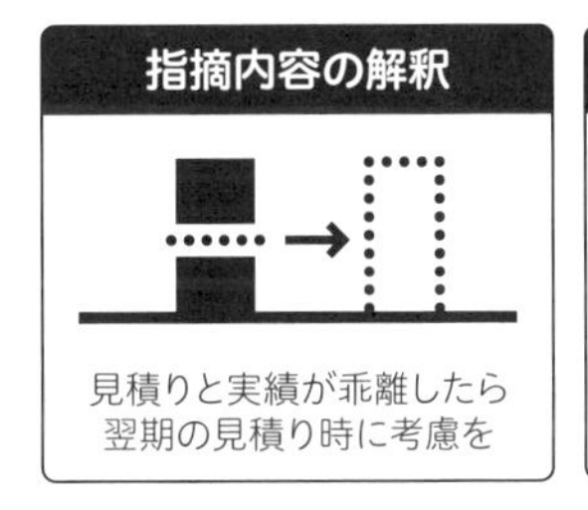

⑸ 減損会計のグルーピング

① 指摘内容の解釈

監査を受ける会社が、グルーピング単位よりも小さい単位で損益管理をしていることがあるとの指摘がされています。

② 経理担当者への影響

損益管理の最小単位とグルーピング単位の関連性や、両者に差がある場合の合理的な理由を説明する必要があります。

図40 減損会計のグルーピングの指摘

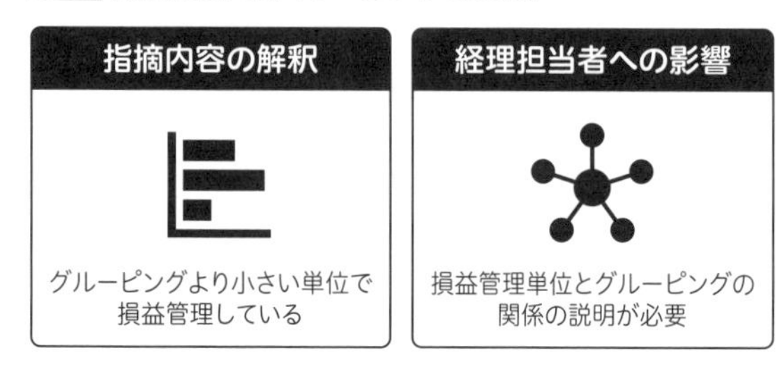

2 日本公認会計士協会の「品質管理レビュー事例解説集」「監査提言集」等

図41 品質管理レビュー

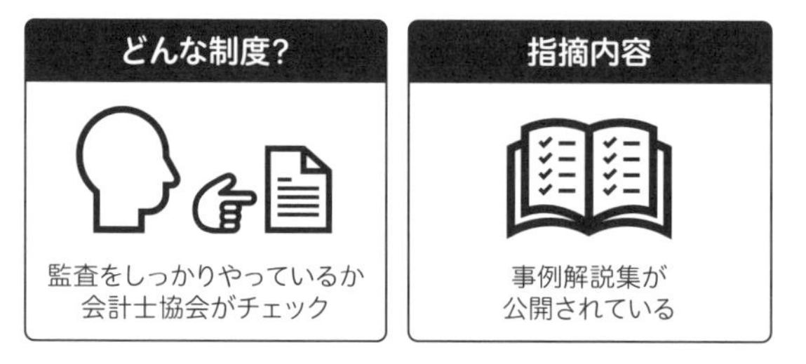

1. 品質管理レビューの事例解説集

(1) どんな制度？

監査人に監査手続を任せっきりにするのではなく、「しっかり監査をやっているか?」という趣旨で会計士協会が監査人をチェックする制度を「品質管理レビュー」といいます。1で審査会の検査を解説しましたが、監査人の監査手続を一義的にチェックするのは品質管理レビューです。こちらも審査会と同じく、指摘内容を知っておくと今後の監査対応に活かせるので、有益な情報です。

⑵ どんな指摘がある？

大きく分けると2種類の指摘があります。1つ目が監査事務所に関する指摘で、2つ目が監査業務に関する指摘です。経理担当者は、監査対応に直接関係がある2つ目の指摘のみ知っておけば十分です。「検査事例集」と同様に、監査人がしっかりチェックをするようお叱りを受けたトピックなので、今後の監査でも重点的にチェックされます。1で紹介した結果事例集と同様に、品質管理レビューの事例解説集（以下「事例解説集」とします）も公開されています。

2. 監査提言集

会計士協会から公表される資料で、問題の事例が一般化された上でまとめられていて、監査人としてどう対応すべきかが提言されています。1や2 1. の資料のような検査結果・レビュー結果の取りまとめというよりも、これまで見つかった監査の問題を踏まえて「〇〇という問題があったから〇〇すべき」という趣旨でまとめられた資料です。この提言集も、1や2 1. の資料と同様に経理担当者的にも知っておいた方がいいトピックがあります。

3. 金融庁の「有価証券報告書レビューの実施」

有価証券報告書は、金融庁が内容をチェックします。この制度のことを有価証券報告書レビューといい、「今回は〇〇を重点的にチェックします」といった注目ポイントが金融庁のウェブサイトで公開されます。有価証券報告書は経理担当者がしっかり作り込むだけでなく、監査人もしっかりチェックしますが、有価証券報告書レビューで何か指摘があると面倒なことになるので、レビュー対象項目の記載も抜かりなくやっておきたいところです。

第3節 | 監査人の視点で自社を見る

古い兵法で「彼を知り己を知れば百戦殆からず」と言われるように、相手（監査人）が何を考えているのか、監査人の視点では自社は一体どう見えているのかを知ることが、ミニマム対応の実現には欠かせません。そんな監査人の視点や行動原理を筆者の経験から紐解いていきます。

1 自社は監査人からどう見えているか?

自分の会社の姿は、見えているようで内部からは意外に見えていないものです。一方で、外部の監査人の視点から自分の会社を見ると、経理担当者の視点からは見えないものが見えてきます。いわばコロンブスの卵のようなものですが、筆者が監査対象会社を見るときに、気になるポイントをいくつか紹介します。

図42

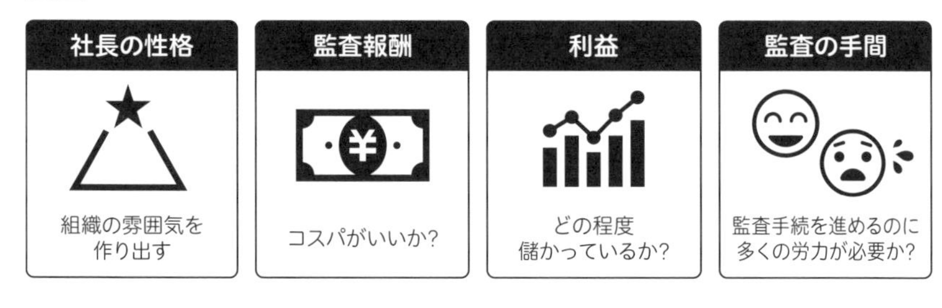

1. 社長の性格

社長は会社の方針を決め、会社の組織文化（＝雰囲気）を作り出す立場の人です。そして、社長の性格は会計処理にも影響を及ぼす場合があります。監査人の視点で気になる社長の性格には、例えば以下のようなものがあります。

⑴ 利益へのこだわりが強い

利益を稼がないといずれ会社は立ち行かなくなりますし、社長の報酬は会社をどれだけ成長させたかとリンクしているでしょうから、社長が利益にこだわるのは当然のことです。一方で、利益へのこだわりが行き過ぎると、従業員に不適切会計を誘発させる一因となり得ます。引当金があるべき金額よりも少なくなる見積りをしたり、大きく右肩上がりになる事業計画をもとに見積りの会計処理を行う等です。中には行き過ぎた会計処理になり、監査人と協議する時間が長くなることもあり得ます。監査人からすればそのような協議は正直なところうんざりしますし、避けたい状況です。

⑵ 従業員に対して要求するハードルが高い

凄腕系の社長だと、自らが高いパフォーマンスを発揮して今の会社を作り上げたという自負があるでしょう。そうすると、自然と従業員へ高いパフォーマンスを要求することもあります。一方で、会社にいる全ての従業員が社長のように凄腕とは限らず、社長のそのような姿勢が従業員へ過度のプレッシャーになり得ます。それが、場合によっては離職率を高め、従業員の定着率を下げることもあります。監査人の視点からは、会社を訪問するたびに経理担当者や責任者が代わっていることも起こりかねず、過去からの議論の積み上げのような関係を会社と構築しにくくなります。会社の経理能力も、なかなか高まらない原因となります。

2. 監査報酬

監査法人によってはさまざまなサービスを展開していますが、主な収入源はやはり監査報酬でしょう。一方で、監査法人の業務もビジネスですから、受け取っている監査報酬よりもコストがかかるのなら、（必ずしもコストパフォーマンスが全てではありませんが）ビジネスとしては再考の余地がある状況と言えます。また、逆に経理部からすると、自社の監査報酬はコストに見合ったものか、他社に比べて実際のところどうなのか気になるところですが、監査人に聞いたところで正直には答えてもらえないでしょう。

であれば、有価証券報告書（有報）で開示されている監査報酬を手がかりに、「自分の会社は監査法人からどう見えているのか？」を分析してみるのも、おすすめです。会社によって監査の手間はさまざまでしょうが、同じような事業・規模で大きく監査の手間が異なることは考えにくいです。担当監査法人・事務所が同じ同業他社の監査報酬を調べてみると、自分の会社がどの程度の水準なのかが見えてくることでしょう。

3. 会社の利益と監査人の心理

最近の会計処理は、将来どの程度のお金・利益を稼げるのかという視点で資産価値を測る傾向が強くなっています。減損会計や税効果会計の繰延税金資産がその典型例でしょう。とは言うものの、将来の見込みがどの程度実績と整合してくるかは誰にもわからないので、結局は過去の実績が有力な裏付情報となります。ですから、会社の業績が低迷・悪化すると、将来の見通しも暗くなりがちとなり、資産の評価減や繰延税金資産の取崩し等、利益をさらに下げる会計処理が必要になる可能性が高くなります。そんな背景があるので、筆者が監査人なら、会社がこれまで利益をどれくらい稼いできたのかがとても気になります。そこで、利益の水準ごとに、筆者が感じることを紹介します。

図43 会社の利益と監査人の心理

⑴ かろうじて利益が出ている

営業利益や当期純利益が、売上高のボリュームに比べてかなり少なく、かろうじて利益が出ている状況の会社については、監査手続を進める中で何らかの会計処理の誤りが見つかると、すぐ赤字になるリスクを孕んでいる状況ともいえます。会社自身としても、黒字になるか赤字になるかは非常に重要なので、なんとかして黒字へ持っていきたいという動機、誘惑が生まれます。筆者が監査人なら、会計処理の誤り（不正）リスクが高い状況が生じているという意識のもと、より慎重に監査手続を進めたくなります。

⑵ 十分に利益が出ている

次に、当期は営業利益が潤沢に発生し、当期純利益も大きくプラスになっているケースについてです。最近の会計ルールは、将来の業績見通しを根拠にした見積りの会計処理がたくさんあるので、当期の利益水準が今後も続く可能性が高いのかどうかは重要な検討ポイントです。では、具体的にどうしたらいいのかというと、将来の状況を完璧に予測するのは難しいので、2つのポイントから当期純利益を分析します。1つ目は、「当期純利益がどういった背景で生み出されたのか？（＝利益の主な発生源）」で、2つ目は「監査を受ける会社の事業計画」です。

① 利益が生み出された背景

何らかの突発的な事情が発生して利益が一時的に増えたのか、新規取引先ができたこと等で、今後も同様の水準で利益が出ることが見込まれるのかという視点でチェックします。一時的に増えただけなら、今後は従来の水準へ戻ると予測します。

② 事業計画

監査を受ける会社は監査人よりもさまざまな情報を入手して、自社が今後どうなるのかを予測します。もし、暗い予測なら、何らかの手立てを講じないと会社が倒産してしまうからです。ですから、筆者が監査人なら、当期純利益の分析だけでなく、会社が将来をどう予測しているのかにも関心を持って、分析をしたくなります。

⑶ 継続的に利益が出ている

冒頭で紹介したようなリスクが低いので、ある程度の安心感を持って監査ができます。監査の手を緩めるわけではなく、粛々と対応していこうという平常心で臨めるという意味です。単発的ではなく、これまで継続的に相応の利益を稼いできた会社なら、今後もそれなりの利益を稼ぎ続けるという信頼が持てますし、そのような監査判断をしても、致命的な判断誤りにはならない可能性が高くなるからです。

4. 監査の手間

売上規模が同じような会社でも、監査の手間が異なることはあるでしょう。経理担当者は、他社に比べてどうかまではわからないものの、自社の監査で手間がかかっているかどうかはある程度想像がつくと思います。会計ルールで求められる資料が整然と整備されていなかったり、会計帳簿が複雑で、決算の金額と会計帳簿のつながりがつかみにくい、会社の人手やスキルが足りておらず監査人の求める情報や資料の準備に時間がかかる等、決算・会計処理や監査手続の手間を増やしうる要因はいくつもあります。監査人との雑談でそれとなく自社の印象を聞き出す等して裏付けを取る必要はありますが、経理担当者に（監査人は監査手続の）手間がかかっているはずという自覚があれば、監査人の目には「大変なクライアント」と映っているかもしれません。本書で監査対応をスムーズにするためのヒントをつかんでいただき、お互いにとってWIN-WINな関係性を構築していただけたらと思います。

第3章

監査対応のコツ

第1節　会社は正しい決算をする義務がある

監査人が会社の決算をチェックするという一面を見て「責任は監査人だけにある」と誤解してしまいがちですが、決算に対する責任は会社（経営者）にあります。そこで本節では、決算に対する義務や責任を解説します。

1　監査は決算の補足〜適切な決算をする義務は会社にあり

第1章で解説した「二重責任の原則」は、監査人にとっては常識と言ってもいいレベルの話です。とは言うものの、監査理論などで触れられている考え方なので、監査理論を勉強することのない経理担当者にとっては、馴染みのない考え方でもあります。そんな背景が影響して、厳密には正しいとはいえない処理でも、監査で適正意見をもらえさえすればいいと考えてしまう方もいるかもしれませんが、これは正しくありません。会計ルールに則った決算書を作る責任は会社（経営者）にあるので、適正ではない会計処理をしたら、（たとえ監査で適正意見が出ていたとしても）責任をとらされる可能性があります。

図44　適切な決算をする義務

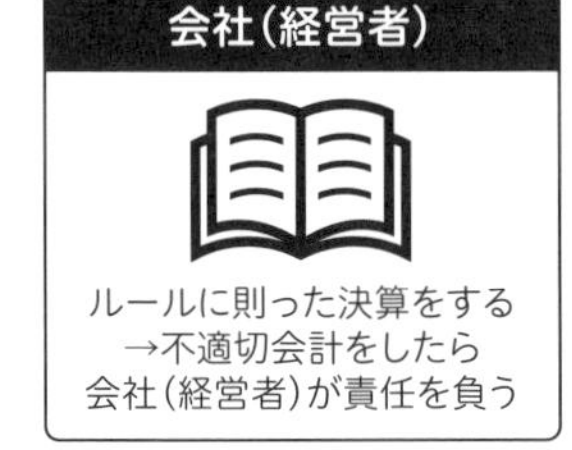

2 不適切会計をするとどうなる?

どのような責任をとらされ得るのかについて、会社が不適切会計を行った場合を例に主なルールを紹介します。なお、以下では解説をシンプルにするために「役員」と書いていますが、法律では規定の対象になる役員の範囲が定められています。実務で調べる必要性が出てきた時は、必ず根拠条文へあたるようにしてください。

1. 金融商品取引法

⑴ 課徴金

有価証券報告書の「経理の状況」で事実と異なる記載をしたことになり、重要な事項について誤りや漏れがあった場合、行政処分を受ける可能性があります。例えば、金融庁長官が会社に対して課徴金の納付命令をすることがあります。課徴金は金融機関や取引先との取引関係に悪影響が出ないとも限りません。

⑵ 損害賠償責任

有価証券報告書で事実と異なる記載をしたことになるので、会社と役員が損害賠償責任を追及される可能性があります。重要なのは、会社・役員が共に責任追及され得るという点です。会社が負う責任は損害額の推定がある重い責任です。一方の、役員が負う責任は、損害額の推定はありません。

⑶ 刑事罰

役員に対して懲役や罰金が課される可能性もあります。罰金は、役員だけではなく会社にも科されることがあります。

図45 金融商品取引法

2. 会社法

計算書類等で事実と異なる記載をした場合、会社法に規定される責任を負うことになります。主な責任や罪についていくつか紹介します。

⑴ 役員の責任

適切な計算書類を作成しなかったら、会社法429条で定める責任を果たさなかった（＝違反した）ことになります。不適切な記載をしたことについて注意を怠らなかったことを証明できなかったら、第三者に対して役員は損害賠償責任を負います。

⑵ 違法配当

不適切会計をしたことで、本来は配当原資がないにもかかわらず配当してしまった（＝違法配当）ことも起こり得ます。この場合に役員は、配当を受けた人と連帯して、配当を受けた人が受け取った額を会社に対して支払う義務を負います。なお、役員の範囲や、違法配当に関する罪も別途定められています。

⑶ 特別背任罪

自分の利益を図るなどの目的で、任務に背いて会社に対して損害を与えたら追及され得るもので、懲役や罰金（又はその両方）が課されます。

⑷ 株主代表訴訟

株主が役員の責任を追及する手段です。まず、株主が監査役に対して、役員へ損害賠償責任を追及するよう要請し、追及しなかった場合は株主が役員へ損害賠償責任を追及するという流れになっています。

図46 会社法

3. 証券取引所での対応

決算に関する情報は、投資家が投資判断を行う上で欠かせない重要な情報です。ですから取引所は、上場する会社に対して適切な決算を行うこと及びそのための体制整備を求めています。そして取引所は、不適切会計を行った場合の対応についてもルールを定めています。ただし、不適切会計が明らかになったら間髪入れずに上場廃止するような極端なルールではありません。例えば、監理銘柄や特設注意市場銘柄へ指定し、審査を経て、上場廃止・通常銘柄への復帰などへ進んでいきます。何らかの問題があったことで不適切会計が起きたわけですから、仮に上場維持となった場合も、改善報告書や内部管理体制確認書の提出などさまざまな手続が求められます。

図47 証券取引所

前提

決算情報は
有益な投資情報

上場会社に対して

適切な決算をするための
体制整備を求める

不適切会計をしたら

審査を経て
対応を決定する

4. まとめ

このように、不適切な会計処理をしてしまうと、さまざまな重い処分が降りかかってくる上に、監査人がどんな意見を出していたかは問われていません。つまり、当たり前のことですが、監査でOKがもらえるか否かに関係なく、適切な会計処理を行う必要があります。

3 監査を受けるスタンス案～必須の監査手続を目指す

会社が決算で負っている責任を考えると、監査手続を極力隅々までやってもらうのがベストと思えてきますが、時間や監査対応をする経理担当者の人数も有限です。であれば、経理担当者としては「必須の監査手続」をしてもらうことを求めるべきでしょう。もう少し厳密に言うと、監査人の不安を払拭するための余分な監査手続は必要ないということです。この必須の監査手続を監査人にしてもらうために、本書では2つの視点「先回りの監査対応の準備」「受け身の監査対応」を提案しています。正しい会計処理をしていれば、仮に監査人がチェックしなかったとしても、会社にデメリットはありません。

図48 監査を受けるスタンス案

会社にとって	逆に言うと	ミニマム対応
		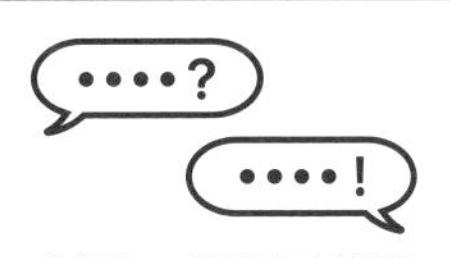
必須の監査手続を 監査人にしてもらう	監査人の不安払拭のための 監査手続は不要	先回りの監査対応準備 受け身の監査対応

第2節 事前準備が大事

監査手続では経理担当者が想像もつかないような特殊なことをしているわけではないので、監査人が何をするのかをある程度予想することが可能です。予想できるということは、先回りの準備が可能とも言えます。そこで本節では、事前準備に注目して解説します。

1 監査対応は先回りがコツ

1.（実は効率的）言われる前に準備！ 4つのコツ

「監査対応が大変！何かコツはないかな？」。

ただでさえ仕事をたくさん抱えている経理担当者としては、監査対応で仕事の手が止まるのは極力避けたいですよね。そんな悩みを解決へ導くトリセツとして、以下ではさまざまなヒントを紹介します。コツは「先回り」「聞かれてから答える（＝受け身の監査対応)」「監査人に意識付ける」「わかりやすい資料を作る」の4つです。それでは、4つのコツについて、メリットや理由を解説していきます。

図49 4つのコツ

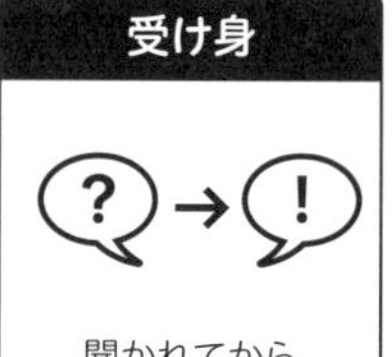

⑴ コツ❶ 先回り――先に準備を済ませておく

1つ目のコツは、監査人に何かをリクエストされる前に準備を済ませておくことです。詳しくは後述しますが、聞かれることはある程度想像がつくので、日常業務の合間に徐々に準備を進めるのが可能です。では、なぜそんなことをするのか、先回りのメリットを以下で紹介します。

① バタバタせずに済む――業務の手戻りを防げる

⒜ すぐに回答できる

いま手をつけている仕事や目の当たりにしている情報に関する質問なら、すぐに回答することができます。ですから、その仕事のついでに監査対応の準備もしておくと効率的です。経理にはさまざまな仕事があり、監査を受けているときには別の仕事をしていることも少なくありません。そんな時に監査人から「〇〇の会計処理ってどういう意味？」「△△はなぜ増えている？」と聞かれても、他の仕事をしていたら「なんだっけ？」となるわけです。つまり、もう一度戻って調べ直す手間が発生します。

一方で、監査で聞かれるのは突飛な内容ではありません。金額が大きかったり、変わった取引をしたときの会計処理等、監査人が反応しそうなことはだいたい見当が付きます。であれば、仕訳をしているときや金額・情報をとりまとめているときに、監査人が聞いてきそうなこともあらかじめ簡単にまとめておきます。そして、実際に監査人が聞いてきたときに準備しておいた内容を回答します。聞かれそうなことはあらかじめ準備しておくと、このような手戻り感を避けることもでき、ストレスが軽減されることでしょう。

(b) 他の経理業務への影響を避けられる

監査対応がピークを迎えるときに経理部では、ほぼ間違いなく他の決算作業に追われています。例えば、翌期・翌月の予算の作成、取締役会への報告、計算書類や有価証券報告書の作成など、いったん期末決算を締めた後も、実に多くの作業が待っています。そんな中、監査対応にまとまった時間を割くと、監査は期末決算で不可欠な作業とはいえ、他の作業が進まず支障が出てしまいます。

あらかじめ監査対応の準備を済ませておくと、このような手間やストレスをある程度避けることができます。また、先に準備をしておけば、回答のシナリオもできているので、経験の浅い経理担当者でも上司の回答と齟齬が出ることも予防できます。毎回上司が出向いて回答する必要がなくなるので、上司はその時間を他業務に充てることができます。

図50 先回りのメリット：業務の手戻りを防げる

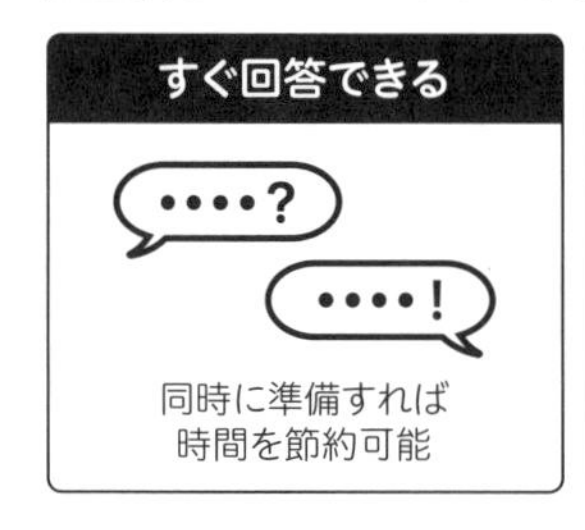

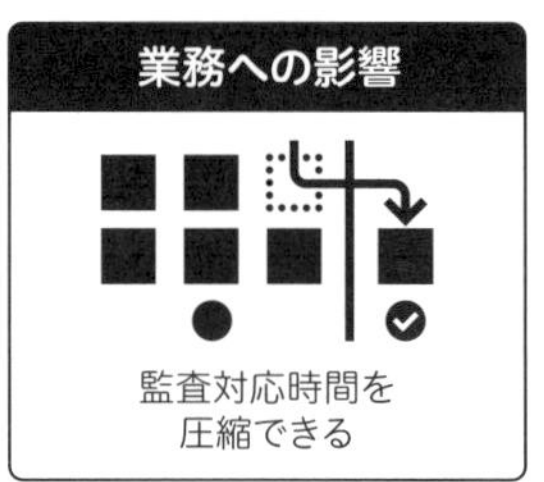

②質の高い準備ができる

(a) 決算前なら時間に余裕がある

期末決算の忙しいときに資料の作成や調べ物を頼まれると少なからずストレスですし、時間の制約もあるのでどうしても回答の質が下がってしまいます。一方、監査が始まる前や期末／四半期の決算作業の前ならある程度時間にゆとりはあるので、資料の作成や調べ物に割く時間が比較的確保しやすいです。

(b) 期末決算まで待つ必要はない

監査で聞かれそうなことの準備は、必ずしも決算の集計を待つ必要はありません。たしかに期末決算まで待たないと最終金額（＝実績）はわかりませんが、おおよその金額は前もって把握可能です。また、多くの会社では稟議書があるので、稟議書を見ればおおよその金額の見当が付きます。つまり、「ざっくりの金額」を前提に監査対応の準備をしておいて、金額が確定したら置き換えればいいだけです。

図51 質の高い準備ができる

③経理業務に役立つ

監査対応の準備は、経理業務にも役立つことがあります。監査は正しい会計処理をしているかをチェックするために行うので、監査の視点やアプローチは、会計処理の誤りを発見するヒントにもなります。監査では、リスク・アプローチという方針に沿って、会計処理が大きく間違う可能性の高いところを重点的にチェックします。言うなれば、決算金額の違和感を炙り出す作業でもあるので、監査で聞かれそうなこと・見られそうなことをあらかじめチェックしておくのは、少し時間がかかっても有益な作業です。正しい期末決算をするのに役立つからです。ひょっとすると、思わぬ会計処理の誤りが見つかるかもしれませんよ。

(2) コツ❷ 聞かれてから答える――「受け身」がキーワード

図52 受け身――聞かれてから答える

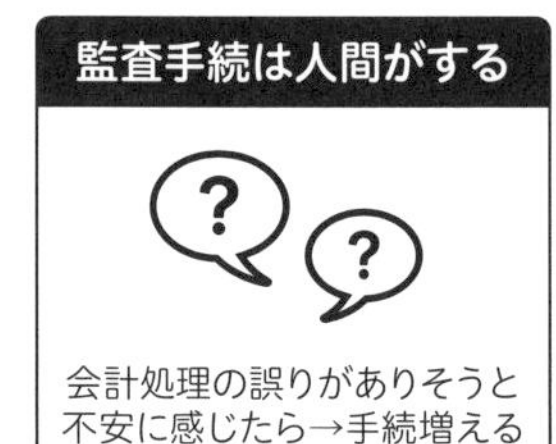

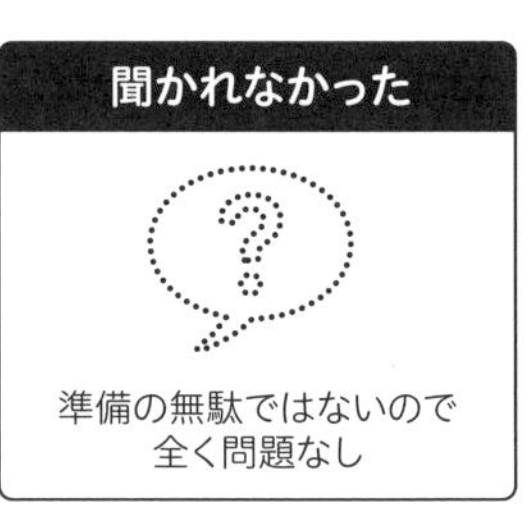

① 目的は必要最低限の監査手続

注目ポイントは2つです。1つ目は「監査手続は人間が行う」で、2つ目は「不必要に監査手続を増やす必要はない」です。

(a) 監査手続を行うのは人間

監査人も感情を持った人間なので、不安に感じることも当然あります。IT化が進む経理・監査の世界ですが、監査手続や判断をするのは依然として人間である監査人です。監査人は、監査を受ける会社へ質問をして回答がきたらそれで終わりではなく、回答内容を吟味します。そして、違和感を覚えたり、さらに疑問が湧いたら、追加で質問・依頼します。疑問に感じて会計処理が正しいかどうかについて不安に感じたら、（必要な監査手続であれば）不安を解消するために監査手続を増やしたくなります。

もちろん、隠しごとは禁物ですし必須の監査手続をしてもらうことは大前提ですが、不必要な監査手続が増えても監査を受ける会社としてはうれしくはないので、監査人が不安に感じることは極力避けたほうがいいでしょう。監査を受ける会社側から（必要以上に）積極的に情報を提供すれば、それだけ監査人が気になる点が増えてミニマム対応からは遠ざかります。

⒝ 不必要に監査手続を増やす必要はない

正しい会計処理は何度確かめても、どんな視点から見ても正しいです。最低限の監査手続は正しい会計処理をするために必要ですが、石橋を叩くような監査手続は不要です。つまり、新しい情報が監査を受ける会社から提供されれば、それだけ監査手続が増える可能性が高くなります。ですから、経理部からすれば監査人との接し方は、いつも提出している資料を出しつつ、それ以外は「聞かれてから答える」がおすすめです。本書のテーマであるミニマム対応は、「（正しい会計処理をした上で）受け身」がキーワードです。受け身といっても決して消極的な対応や非協力的であることを推奨しているわけではなく、「人事を尽くして天命を待つ」という感覚です。やることはやって、あとは監査人にお任せをしてどっしり構えましょう。ただし、明らかに重要な会計トピックについては、あらかじめ監査人と協議しておくのが無難です。後で慌てて協議しても、結局は監査を受ける会社へしわ寄せが来るからです。

② 結果的に聞かれなかったもOK

あらかじめ監査対応の準備をしておくといっても、準備した内容を全て見せる必要はありません。結果的に聞かれなかった・依頼されなかったでも全然OKです。もちろん、聞かれたことには答える必要があり、隠しごとも禁物ですが、それは聞かれた場合の話です。監査対応の準備は監査手続のためにするのではなく、究極的には「正しい期末決算の実現」のために行うものだからです。

(3) コツ❸ 監査人への意識付け――ちょっとした一言が重要

「それはさっき答えましたよ」「〇〇さんに提出済の資料です」こんな感じのちょっとしたコメントを経理担当者が監査人へ投げかけるだけで、意外とディスコミュニケーションを防ぐ効果があります。そもそも監査手続は、経理担当者から資料を出してもらったり、質問へ回答してもらわないと前へ進みません。そこで監査人は、クライアント（＝監査現場）へ配属された後、経理担当者への質問・資料依頼の経験を現場で積んでいくことになります。

依頼される経理担当者としては自分の仕事の手を止めて監査対応するわけですから、だからといって、なんでもかんでも質問されたり資料依頼されるのは心地よくはないのが正直なところでしょう。監査人も人間ですから、経理担当者のそんな心の動きに敏感な人もいれば、気にならない人もいます。前者の監査人は何もいわなくても経理担当者の不満を察してくれますが、後者の監査人の場合は、状況を端的に伝えないと、資料の二重依頼・重複質問に気づかない可能性もあります。重複が1つや2つならまだしも、数が増えてくると経理担当者にとってかなりの業務負荷となります。ですから、二重依頼・重複質問がきた場合は、状況に応じて冒頭で書いたような「ちょっとした一言」を投げかけて牽制しておきます。むやみに乱発すると「やっかいな経理担当者」というイメージにつながってしまい逆効果ですが、過大な業務負荷から自分を守ることにもつながりますので、言葉に気を付けつつ折を見て伝えてみるのはいかがでしょうか。監査人の心のブレーキになり、むやみに依頼をしてくることが減るかもしれません。

図53 ちょっとした一言での意識付けが重要

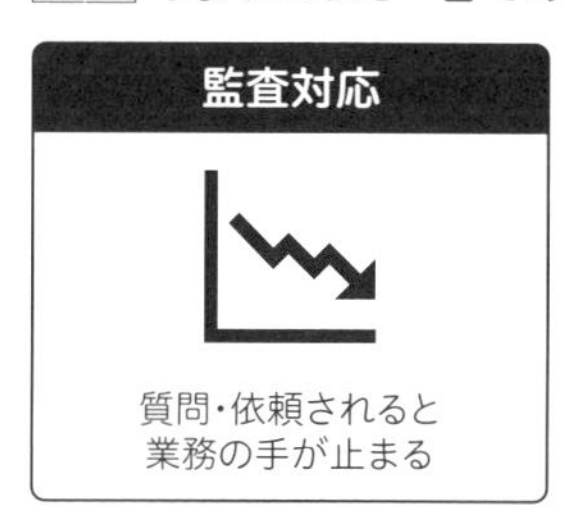

⑷ コツ❹ わかりやすい資料を作る

「資料がわかりやすいと、監査人のチェックが捗って監査対応のボリュームが増えてしまうのでは?」と思われるかもしれませんが、そんなことはありません。資料がわかりやすくてもわかりにくくても、必要な監査手続のボリュームは変わらないので、わかりやすい資料を作ることは2つのメリットをもたらします。

① 経理業務でのメリット

資料を作成した経理担当者自身のミスが減らせますし、その資料をチェックする上司もチェックしやすくなります。その結果、資料の精度が高まります。

② 監査対応でのメリット

資料がわかりやすいと、監査人の質問の誘発を防げる効果もあります。筆者が監査人なら、資料がわかりにくければ、経理担当者も間違えるリスクが高いと考えます。経理担当者から出された資料は、経理担当者の頭の中そのものと言ってもいいでしょう。資料がわかりにくくなっているということは、経理担当者もうまく理解できていない可能性が高いです。また、資料がわかりにくければ、理解しようと監査人は経理担当者へ質問するのが自然の成り行きです。

図54 わかりやすい資料を作る

2. 監査対応で使うおすすめのツールと使い方

ここまでの4つのコツでお伝えした監査対応をするために使う、おすすめのツールとその使い方を紹介します。どのツールもちょっとした効果ですが、積み重ねるとかなりの負担削減につながると思います。なお、期末決算や監査手続で使うIT技術の進展に伴って、こちらで紹介するツールを使わないこともあるでしょう。その時は、後述するツールで何をしたいのか（＝考え方や意図）を参考にしてください。

図55 おすすめのツールと使い方

⑴ 監査のスケジュール表

監査人は、何の前触れもなく監査を受ける会社へ突然やってくるわけではありません。あらかじめ年間予定スケジュールのようなものを教えてもらえます。ですから、人数だけでなく、誰が何をしに来るのかも聞いておきたいです。監査人の年次や職階によって、経理担当者へ聞いてくること・依頼されること・担当する監査手続が変わり得るからです。

⑵ 監査の手続予定や必要資料を先に聞く

監査人がいつ会社へ来るのかを聞くだけでなく、スケジュール表をもとに、どのタイミングで何の監査手続をするのかを極力早めに根掘り葉掘り聞いておきましょう。その日程を期限にして先回りの監査対応ができますし、監査人から当日に何かを依頼されるのを防ぐこともできます。既に経理担当者へ「○月○日は○○します」と言ってしまっているので、違う作業をするには、少し心理的なプレッシャーにもなるからです。当日になって突然言われたら、「あらかじめ言っておいてほしかった」と言えば、念押し効果もあります。

⑶ 提出資料一覧

経理担当者の監査対応の負担を減らすには、「資料の重複依頼・質問」を極力減らすことも重要です。そのためには、監査人へ提出した資料をエクセルでリストにし、監査人・経理担当者の両方が常に見れる状況（＝クラウド等に保存）にして随時更新します。運用面のポイントは「監査人が常にチェックするように習慣付ける」ことです。そのためには、経理担当者がこまめに更新する必要があります。仮に更新しないと、監査人は「提出資料一覧は最新ではない」と感じてリストを見なくなります。なお、監査人から資料依頼があって重複依頼の匂いがすれば、「提出資料一覧に入っていませんでしたか？」と一言返してみるのが効果的です。あらかじめ、提出資料一覧をチェックするよう誘導できるからです。クラウド等（以下「共有フォルダ」とします）で整然と保管・更新すれば、提出資料一覧の役割を果たすことも可能です。

⑷ 質問リスト

① ここに書いてあると言える状況を作る

「前に〇〇さんへ回答したんだけどなぁ」。

経理担当者なら何度か経験した感情ではないでしょうか。ですが、たかが重複質問と侮るなかれ、これも回数が重なると経理担当者にとって少なくない業務負荷になり、何よりストレスになります。そんな時は、エクセルで質問リストを作って対応しましょう。監査人からの質問とそれに対する経理部の回答を全てエクセルの質問リストへ書き込みます。こちらも提出資料一覧と同じく、経理担当者が常に最新情報へ更新し続ける必要はあり、クラウド等で共有する必要があります。なお、エクセルのスキルが高まると高度な関数等を駆使して質問リストを作りたくなりますが、その時はエクセルスキルが高くない人がしそうなことを想像してからにしましょう。往々にして、作り込んだ計算式を壊されたり、高度すぎる関数を敬遠して、違うエクセルファイルに乗り換えられるなんてことはよくある話です。また、1つの質問に対する回答は1～2行程度のシンプルなものにします。たくさんの情報を書き込むと、一覧性が損なわれてリストを見る気持ちを萎えさせてしまいます。

② 質問が増殖するのを防ぐには？

監査人が質問リストの利用に慣れてくると、あれもこれもとどんどん質問を書き込むかもしれません。一方で経理担当者は、重要性の低い質問をされるのは極力避けたいですし、効率化のためにリスト化しているのに質問が増殖してしまっては本末転倒です。そんな時には、上司に「この質問の回答は本当に必要ですか？」と監査人に直接会って確認してもらっても良いかもしれません。虎の威を借りる狐のようなアプローチですが、監査人は質問リスト好きな人が多い印象なので、質問が増殖するのを防ぐ対策をあらかじめ考えておくのは有益だと思います。

図56 質問リスト

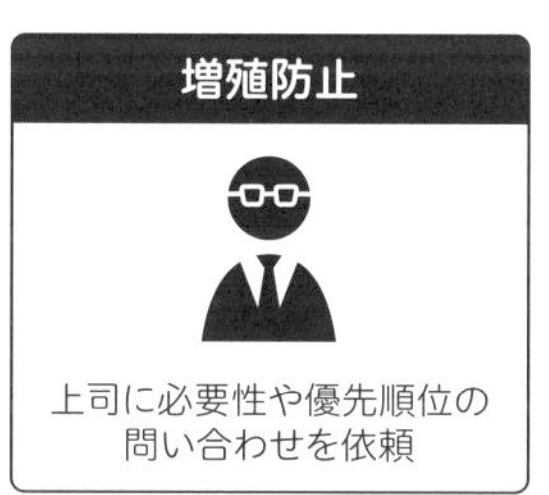

第3節　決算・監査をスムーズに進める段取り

期末決算というとルールに則った機械的な作業のイメージがありますが、実態は多分に人間的な側面を持った作業です。そこで本節前半では、期末決算の金額を確定させるまでの期末決算・監査の段取りを紹介します。後半では、経理部以外の他部門を、どのように期末決算や監査対応へ巻き込んでいくのかについて、アイデアをお伝えします。

1 決算は積み上げ作業

1. 着地見込みをいつ監査人へ見せるか？

年度末が視界に入ってくると、当期業績の見通しの金額がある程度予測できる状況になってきます。いわゆる「着地見込み」という金額ですが、いつ監査人へ見せればいいのでしょうか。タイミングを決めるために知っておきたい知識は３つあるので、それぞれ紹介します。

2. 知っておきたい知識は３つ

図57　3つの知識

⑴ 知識❶ 着地の情報が重要な理由

見積りの会計処理へ影響を与えるからです。税効果会計や減損会計、そして継続企業の前提に関する注記（以下「GC注記」と言います）等は、当期の営業利益や当期純利益等の水準が、繰延税金資産の回収可能性の検討や減損損失の計上の要否の検討、GC注記の判定の事実上の入り口になっています。また、見積りの会計処理は期末決算へ与えるインパクトがとても大きくなりやすいという特徴があります。ですから、期末決算の重要トピックである見積りの会計処理の方向性を一刻も早く決めるために、着地の情報は極力早めに把握するほうがいいと思います。

⑵ 知識❷ 会社にとってのメリットとデメリット

いつ伝えるかの問いに答えは2つあるでしょう（早く・ギリギリ）。判断の材料とするために、筆者が考える「(監査人へ）早く伝えることのメリットとデメリット」をお伝えします。

① メリット

期末決算の金額は、単に利益が増えた・減っただけではなく、例えば金融機関の融資姿勢だったり、取引先との関係、株価等へさまざまな影響を与えます。また、当期の期末決算次第で経営判断も変わるでしょう。ですから、見積りの会計処理の方針も含めた当期の期末決算の見通しを早く決められれば、経営判断の検討へ割く時間も増やせます。

② デメリット

着地見通しと実績に少なくない乖離が出てしまった場合、監査人へ理由を説明する必要が出てきます。未来のことを完全に予測することは不可能とはいえ、会社が「当期の営業利益は〇〇になる見込みです」と言えば、おそらく監査人は信用するでしょう。自社のことは、自社が一番良く分かっているはずだからです。そんな中、見通しと違ったら（特に下振れ）、監査人は「この会社は楽観的に予測する傾向がある」というイメージを持ってしまわないとも限りません。

このほかにも、早めに情報を提供すると、監査人にとってじっくり分析する時間があります。せっかく早く提出しても、場合によっては優先順位の高い業務へ時間を割いて検討を後回しにされる可能性もありますし、根拠が弱い予測には綿密な裏付資料を要求されることもあるでしょう。監査人にじっくり検討する時間があることが会社にとって都合が悪いかは議論のあるところですし予測が（後日判明する）実績と必ず近似しなければならないわけではありませんが、このような側面も頭に入れた上で、提出するタイミングを考えます。

図58 会社にとってのメリットとデメリット

(3) 知識❸ 監査人にとってのメリット

早いほうがいいことは間違いありません。考えられる理由は以下の3つです。

① 詳細な分析ができる

監査を受ける会社の着地見込みは、実績金額の集計に加えて、さまざまな数値を積み上げて計算されています。また、将来の見通しが入る余地もあるので、監査を受ける会社が入手した情報を参考に何らかの仮定を置いて着地の金額を決めていることもあるでしょう。ぱっと見で「この着地見込みは正しい」と判断するのは難しいので、監査人としてはじっくり詳細な分析をする時間があるほどありがたいと思います。

② 期末監査の段取りの時間を確保

着地見通しや、過去に会社から提示された事業計画の達成状況等をもとに、どの会計処理で大きな誤りが発生する可能性が高いのか評価をします。計画より随分下振れているのか、それとも計画を上回る水準で実績が推移していて、期末決算は計画以上の着地見込みなのか等に注目しつつ、評価します。また、単に評価して終わりではなく、評価結果を受けてどこに重点を置いて期末決算の監査手続をするのかを判断します。決算書読者の判断を間違えさせる大きな会計処理の誤りを見逃さないために、大きな誤りが発生する可能性の高いところへ重点的に監査資源（スタッフ・監査時間）を投入します。

③ 期末の監査手続を計画する時間の確保

監査手続で重点的にチェックする項目は固定的に決まっているわけではなく、会社の状況に応じて変わっていきます。例えば、赤字になりそうなら、売上の過大計上のリスクが高まります。少しでも黒字にしたいのが経営者心理だからです。このほかにも、税務上の欠損金が発生する見通しなら、繰延税金資産の回収可能性が下がるかもしれません。②の結果を受けて、このような会計処理の誤りや修正が発生する可能性の高い項目へ重点的に時間を割くよう計画を見直します。どの監査スタッフが、どの程度の時間を割いてどの項目の監査手続をするのかを最終的に決めるというわけです。当初計画通りであれば問題はないでしょうが、計画ギリギリだったり下振れした着地見込みであれば、いろいろ考えないといけないことが増えるでしょう。当初の事業計画をそのまま使って見積りの会計処理をしていいのか、それとも何らかの補正が必要なのかの検討も必要ですし、見積りの会計処理を担当する監査担当者として、熟練の監査スタッフを充当するといった追加対応も考える必要があるでしょう。

図59 監査人にとってのメリット

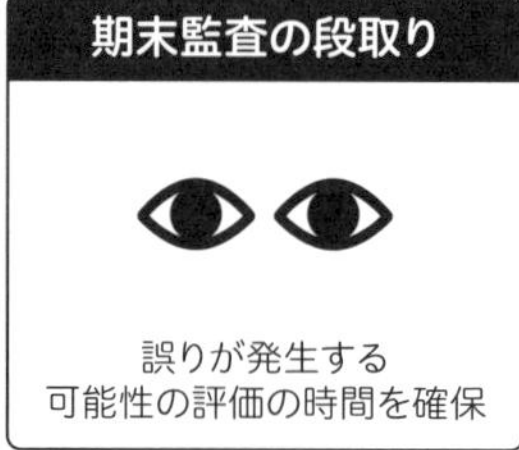

⑷ いつがベターか？

以上の前提知識を踏まえて、ミニマム対応の観点から、いつ監査人へ着地見込みを出すのがベターかを紹介します。

① ポイントは役員会

取締役会や常務会等のいわゆる「役員会」へ公式に報告する前です。着地見込みを役員会で共有してしまった後に監査人にダメ出しされると、引っ込みがつきづらくなるからです。担当歴が長い監査人の中には、会社のことを経理担当者よりも深く知っている人がいるかもしれませんし、そういった監査人に着地見込みや事業計画を論破されないとは限りません。ここでポイントになるのが、経理業務などを担当する管理担当役員です。管理担当役員は他の役員に比べて経理知識や監査対応の経験が豊富なので、監査人への情報共有の仕方・伝え方のアドバイスをくれることもあります。着地見込みを監査人に提出するときは、まず管理担当役員に相談するのがいいでしょう。もし、役員会へ出す前に監査人へ見せるのが社内ルール的に難しい場合は、後の監査で金額が動く可能性がある旨を役員の方々へ周知しておきます。そうすることで、のちに「話が違うじゃないか」といった展開になるのを防げます。

② 外部公表前の相談もあり

着地見込みや事業計画に関する情報がある程度見えてきた段階で、監査人にちょっとした意見を求めるのもあり得ると思います。前述のように、引っ込みがつかないようなタイミングで監査人にダメ出しされるリスクを減らすためです。一旦公表してからの修正は市場にインパクトを与えますので、ある程度見通しが立ったら一呼吸置いて監査人に意見を聞くことで、自社の見通しが甘すぎないかや、ロジックが通っているかなど、自社では気づきにくいところにアドバイスをもらえるかもしれません。

図60 いつがベストか？

(5) 重要な会計トピックをいつ話題に出すか？

何らかの重要な会計トピックが出てきた時、どんな対応をしたらいいでしょうか。3つのステップで、順番に解説します。

① ステップ1：まず経理部内で検討

まずは経理部内で検討します。そして、方向性が見えてきたら、監査人への説明資料の準備をします。自社案（特定の会計トピックについて自社の見解を文章にまとめたもの）を提示すると監査人がどういう反応をするかも想定しながら、理論武装をします。但し、時間的な猶予がないなら話は別なので、会計トピックが出てきたら、スケジュール感の確認が先決です。ステップ1の段階で監査人へ話題をもちかけるのは、以下のような理由であまり得策ではありません。

(a) 自社案ができた時点

会計ルールの内容次第ではいくつか選択肢があることも考えられる中ですぐに監査人と協議してしまうと、監査人のペースで議論が進むでしょうし、他の選択肢を検討しにくくなります。

(b) 経理部内で影響額の試算ができた時点

誰のオーソライズもされていない影響額を監査人へ見せてしまうと、金額が一人歩きして、議論の軌道修正を図りにくくなります。

② ステップ2：役員へ話を通す

(a) 管理担当役員

監査人へ報告する前に、管理担当役員へ話を通すのは不可欠の作業です。自社案のシナリオを説明しつつ意見を求めます。経理課長や経理スタッフよりも経験が長いでしょうから、場合によっては、監査人へどう話を進めればいいかのアドバイスをもらえることもあります。監査対応歴があるでしょうから、アイデアももらえますし、然るべきタイミングよりも前に話を他の役員や監査人へ広げるとどういう展開になるか、察することができるからです。

(b) 役員会

後で監査人にダメ出しをされると、社内的に引っ込みがつきにくくなり、落とし所を探るのに苦労します。

③ ステップ3：監査人へ相談——いつがベスト？

ここまでの2つの作業を終えてから、監査人へ重要な会計トピックの相談を持ちかけます。この作業を経ずに早いタイミングで相談すると、意図しない方向へ議論が進んでいく可能性があり、ミニマム対応を考えるとあまり得策な進め方ではありません。一方で、社内での検討が長引きあまりに期末決算ギリギリのタイミングだと、監査人に不信感を持たれることになり、お互いの信頼関係へ悪影響を及ぼすので、こちらも避けるべきです。以上を考えると、（役員会へ報告する前の）

期末決算の会計処理をするタイミングの1～2ヶ月前あたりが、例外はあるものの、早すぎず遅すぎず的なタイミングと言えるでしょう。

図61 いつ話題にするか？

(6) 審査をいつ受けるか？

監査では、審査という制度があります。これは、監査法人における監査の品質管理の一環として「監査手続に誤りがないか？」を客観的にチェックするのが役割です。そこで、審査を受けるにあたって気をつけたいポイントをいくつか紹介します。

① 前提知識

(a) 監査意見

監査報告書にサインをする業務執行社員のOKをもらうだけでは、監査意見をもらえません。監査意見をもらうには、監査法人の審査をクリアする必要があります。ですから、重要な会計トピックがある場合にあとからちゃぶ台返しをされないよう、会社が安心して期末決算の見通しを立てる工夫が必要です。

(b) 期末決算への影響

売上高や利益は、会社を取り巻くいろんな利害関係者へ会社の収益性や安定性をアピールする指標でもあります。ですから、会社を経営する立場とすれば、何としても売上高や利益の見込み・計画を達成したいと思うのは当然ですし、決算短信で開示する業績予想の下方修正はどうしても抵抗感が強くなります。ですから、仮に特定の会計トピックについて監査人との間で意見がまとまらない場合、「○○の会計処理をしてください→はいわかりました」という簡単な話にはなりにくいです。ですから期末決算と監査には、事前の段取りや双方のキーパーソンにあらかじめ話を通して了解を得ておくという、泥臭い作業がとても重要になります。監査を受ける会社側であれば役員、監査人側であれば、業務執行社員と審査担当者がキーパーソンです。決算・監査は理屈の世界の印象がありますが、「俺は聞いていない」「いまになって言われても」「その会計処理はしたくない」「その事例は聞いたことがない」といった感情論が思わぬ障害になって、話が進まないこともあります。世の中や組織は一見すると理屈で動いているように見えますが、むしろ感情論・損得で動いている側面が強いです。

以上の前提知識を踏まえて、特定の重要な会計トピックの審査をいつ受けるのが得策かを見ていきましょう。

② 案❶ 決算よりも前に審査を受ける

(a) 早く受けるメリット

期末決算で利益に与えるインパクトが大きい重要な会計トピックの会計処理方針を、早く決めておくのが目的です。このほかにも、決算発表の直前になって監査でダメ出しされることを防ぐことも狙いの一つです。合理的な説明がつかない決算発表の延期は、投資家や利害関係者を不安にさせてしまいます。

(b) 期末決算へ入る前に審査を受けないことによる影響

決算の着地見通しがなかなか立てられず、経営判断の次の手を打つタイミングが遅れてしまいます。

(c) 注意点

時間に余裕がありすぎると、ミニマム対応の観点からは避けたい過度に慎重な審査になる懸念は考えておきましょう。時間がないからといって審査が粗くなるわけではないですが、時間的な制約があれば要点を押さえたスピーディな審査になる可能性は高くなると思います。

図62 決算よりも前に審査を受ける

③ 案② 決算時に審査を受ける

(a) 意図

重要な会計トピックについてあらかじめ審査を受けておくのではなく、期末決算時にまとめて審査を受けようという考え方です。あらかじめ審査担当者へお伺いは立てないので、期末決算の審査時にダメ出しされてしまうリスクもあります。

(b) タイミング――決算発表後の大きな修正は避けたい

監査の意見表明の対象は会社法の計算書類等・連結計算書類（以下

「計算書類」とします）や金商法の有価証券報告書であって、決算短信ではありません。ですから審査は、計算書類や有価証券報告書の監査意見をもらう時に受ければいいのが建前です。とは言うものの、決算発表後に何らかの会計トピックについて監査でダメ出しをされた場合、計算書類や有価証券報告書と決算短信の間にズレが発生してしまい、取引所対応等で面倒なことになり得ます。ですから、重要な会計トピックについて審査で問題視される可能性があるのなら、合意は決算発表の前に得ておきたいところです。

⒞ 段取り良く

監査人は、場合によっては会社に都合の良くないことを言う役回りも演じるので、ついつい敵視してしまいがちですが、決して敵ではありません。互いに協力しあいながら経理担当者は適正な決算書を作り公表するまでの作業を行い、無限定適正意見をもらうことがゴールです。ですから、期末決算のギリギリになって協議しないといけない重要な会計トピックが出てくるのは、期末決算をスムーズに進める面からはもちろん、監査人への気遣いという面からも避けたいところです。期末決算の監査対応の段取りでしくじってしまうと、結局はしわ寄せが自社に返ってきます。

⒟ 審査に間に合うように

審査は、「監査手続をしっかりやって監査判断が間違えていないか？」をチェックする作業です。ですから、審査までに監査手続が一通り終わっていることが前提です。そもそも、会社の決算作業が終わっていないならそちらを一刻も早く仕上げなければいけませんが、監査手続が滞っている場合は、監査チームの現場責任者と情報交換をして、ボトルネックになっている監査手続について何らかの協力をすることも１つの方法です。審査が受けられないと、困ってしまうのは監査を受ける会社だからです。

図63 決算時の審査

2 監査人との協議

決算・監査では、特定の会計トピックについて監査人と協議することもあるでしょう。そこで以下では、監査人との協議の基礎知識を紹介します。

1. 監査人と協議するタイミング

(1) ベストタイミングはいつ？

会計処理をする必要がある1～2ヶ月前で、かつ管理担当役員へ話を通した後がいいと思います。

(2) 理由

想定されるシナリオは【図64】で、1で紹介した「重要な会計トピックをいつ話題に出すか？」と同じ発想です。重要な会計トピックを監査人へ持ち掛けたら、なんの協議もなく会社側の希望通りにすんなり進むことはかなり限定的なためです。

図64 協議するタイミング

2. 協議で使う情報

　丸腰で監査人と協議してもうまく進みません。しっかりと準備した上で監査人との協議へ進みますが、欠かせない準備は2つです。1つ目が、会計ルールの理解・解釈で、2つ目が他社事例のチェックです。どちらか欠けても説得力は乏しくなります。

⑴ 会計ルールの解釈

　議論の対象は会計トピックなので、そもそも会計ルールでどう規定されているのか、どう解釈すべきなのかを検討するのがスタートです。明らかにNGと書かれている会計トピックなら問題外ですが、明確には否定されていないなら、どう解釈するかをしっかりまとめた上で協議します。

⑵ 他社事例のチェック

　協議の対象の会計トピックが他社の有価証券報告書等で何かしら開示されているのなら、それも有力な説得材料になります。開示されているということは監査をクリアしたということですし、監査人に対しても「他の監査法人も認めている」という印象を与えることができます。ちなみに、監査法人によって監査の信頼性に差はないのですが、自社の監査人と同じかそれ以上の知名度の監査法人が担当している会社の事例の方が、監査人の安心感も高まります。

図65 協議で使う情報

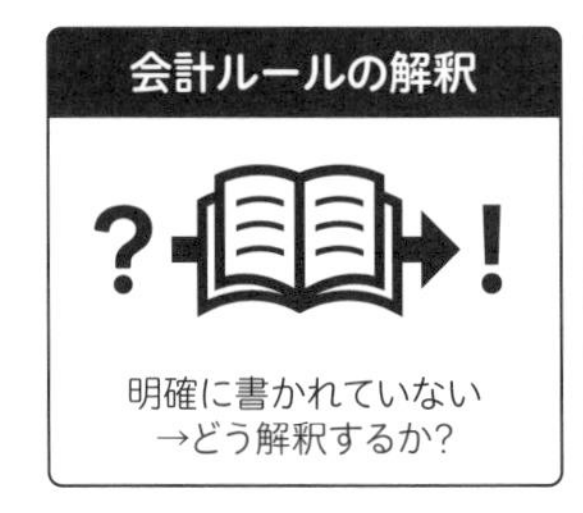

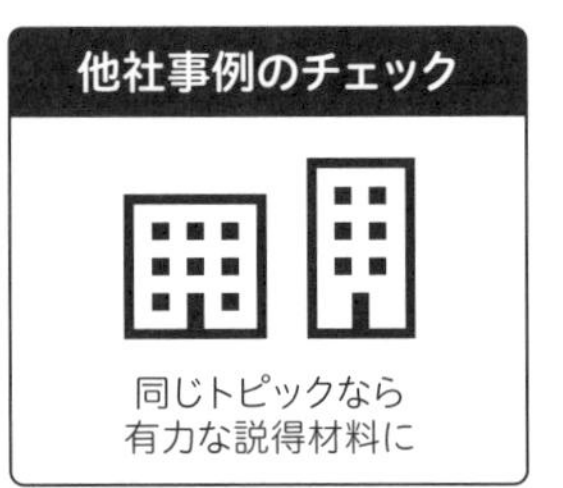

3. 相談内容に応じた相談相手

監査人はチームを組んで監査をしているので、相談の候補者も複数人います。監査人には新人からベテランまでさまざまいますが、相談内容に応じて適切な相手を選ぶことが重要です。

図66 相談相手

(1) 数年目のスタッフ

特定のトピックに対して、どんな会計上の論点（会計トピック）がありうるのかを相談する相手として適しています。

監査業界へ入るには公認会計士試験をクリアする必要があり、しかも修了考査を控えているスタッフは、監査・会計を精力的に勉強しています。しかも、ある程度の監査経験もあるので、会社の決算や経理の仕組みにも理解があります。ですから、(表現はあまり良くありませんが) 会計トピックの網羅性を確かめる相手として適任でしょう。一方で、何らかの判断をする権限はほぼ持っていないはずなので、(解釈が複数あって) 判断が求められる会計トピックの相談・協議をするには不向きかもしれません。

⑵ 主査

監査チームを取り仕切る役割を担っている公認会計士で、監査経験も豊富に持っています。いろいろな会社の会計処理を見てきているので、スタッフよりも実態を踏まえた現実的な判断ができる能力に長けています。ある程度の判断の権限も与えられているでしょうから、期末決算に重大な影響がない範囲の会計トピックなら、判断が求められることの相談・協議もできるでしょう。

⑶ 業務執行社員

監査チームの責任者で、全ての会計トピックに判断をする権限を持っています。ですから、期末決算での重大な会計トピックで判断が求められる場面では、最も相談すべき相手です。一方で、監査チームのメンバーの中では現場にいる時間が短い可能性はあるので、どうしても会社のビジネスに対する知識が主査へ一歩譲ることがあります。従って業務執行社員に決算の相談をするときは、場合によっては主査の同席を求めると話がスムーズに進むこともあります。ただし、先述した通り最近の監査ルールでは「審査」をクリアしないと監査意見を出したらダメという仕組みになっていますので、状況に応じた（審査担当者に相談するか否かの検討も含めた）適切な相談相手の選定が重要となります。

4. 協議の進め方のヒント

図67

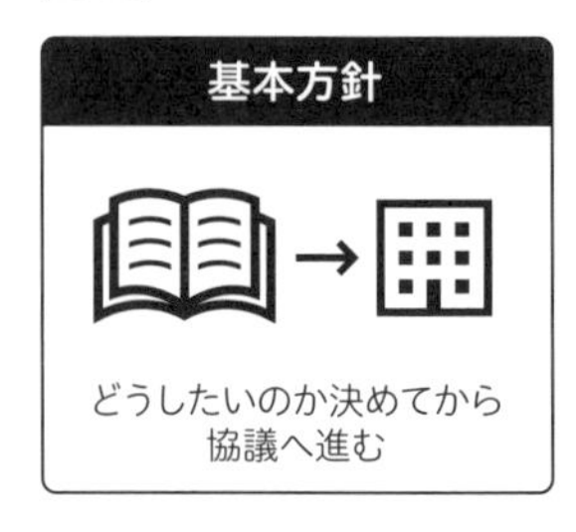

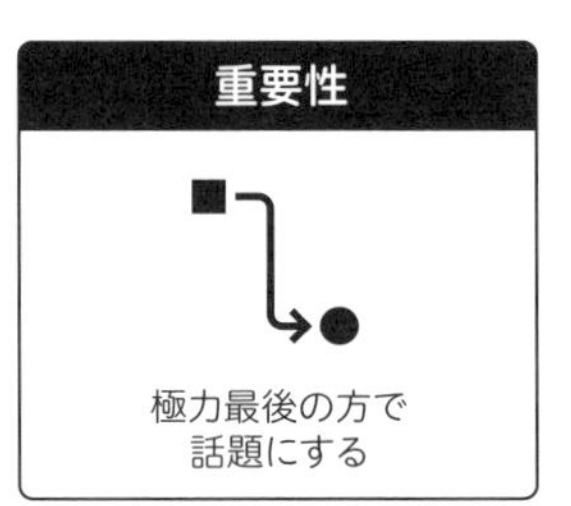

⑴ 基本方針

「会計処理をどうしたいのか?」を真っ先に決めます。そして、会計ルールの解釈で認められる余地があるのかを調べて、会社見解をある程度決めてから監査人との協議へ進むのがベストです。そこがあいまいなままだと、監査人のペースになりやすくなります。その後に、他社事例で補足します。

⑵ 注意点

① 会計ルールで明確に書いていないものを協議する

協議する議題は、会計ルールではっきり書かれていないことが前提です。会計ルールで明確にNGと書かれているものが協議で認められることはないからです。監査人との協議の場で指摘されないように事前に確かめておきます。

② 過去の話はしない

「過去に認めたことを後になって翻された」という主張はしない方がいいです。会計処理や監査での判断は状況によって変わりますし、最終的には「適切な決算をしましょう」と主張されて、議論がそれ以上前へ進まなくなります。

⑶ 進め方

① 解釈が先で次が他社事例

会計ルールの解釈を一切せずに「認めてください」は通りません。ですから、議論の対象になる会計トピックが従うべき会計ルールを把握した上で、自社の解釈を監査人に伝えます。会計ルールの解釈があった上で、次に使うのが他社事例です。つい他社事例だけで議論をしたくなりますが、その他社と自社は取り巻く環境が違いますし、ひょっとすると前提となる状況が違うかもしれません。ですから、他社事例だけを全面に出して議論を展開するのは説得力に欠けます。

② 誰と議論する？

監査チームは3で解説したようにさまざまなメンバーから構成されます。あまり細かい議論や些細なトピックを業務執行社員へ持ちかけても敬遠されてしまいかねないので、誰と議論すべきかをあらかじめ考えてから協議へ入ります。

③ 重要性の議論

監査人を説得するのが面倒とばかりに「重要性」の議論を持ち出したくなりますが、極力最後の方で出すべきカードです。重要性の意味するところは「本来の厳密な会計処理ではないけども、影響額が大きくないからまぁOKでしょう」というイメージであり、「例外的な会計処理」という前提です。ですから、万が一協議で認められなかったときには、次のカードがありません。したがって、極力最後の方で使う手段とした方がいいでしょう。

5. 自社見解を文章にまとめる（文書化）

監査人との協議にあたって、監査人から「文書化をしてください」と言われた経験があるのではないでしょうか。監査の世界では頻繁に耳にする用語ですが、経理担当者にはあまり馴染みのないものでもあります。そこで、監査人との協議で欠かせない「文書化」について、基礎知識をお伝えします。

⑴ 文書化とは

① 意味

特定の会計トピックについて自社の見解を文章にまとめたものを本書では「自社案」と呼んでいて、ポジションペーパーと呼ばれることもあります。もっとも、「○○のように会計処理したいです」と希望を書けばいいというわけではなく、拠り所にすべき会計ルールが示している要件に、検討対象の取引や事象を当てはめる形で文章にまとめる必要があります。当てはめた結果、「○○のように会計処理するのが適切である」という結論を示すのが基本形です。 つまり、監査人から文書化を依頼されたら、「自社で会計処理案を検討し、それを書面にまとめてください」と言われていると受け止めればOKです。

② 資料の構成

自社見解の文章だけではなく、過去の取引記録や、費用・損失の発生実績など、裏付けとなる情報も含めて構成します。

⑵ 他社事例との関係

図68 自社案と他社事例との関係～主役は自社案

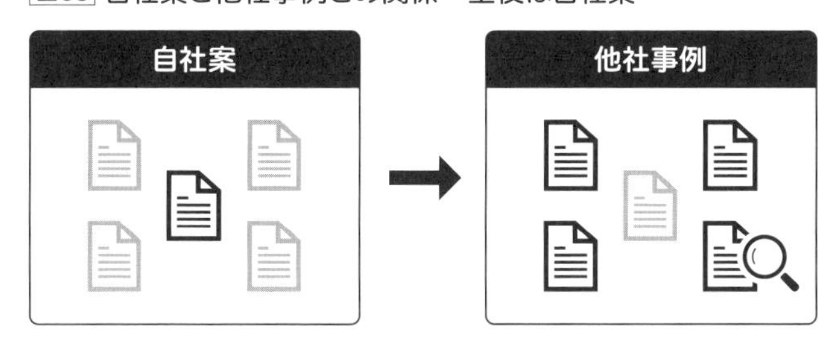

中心に据えるべきは自社見解で、他社事例は自社見解の説得力を高める役割を果たします。他社事例は有報等から集めますが、いずれも（担当）監査法人による監査を経て、「この会計処理は会計ルールに沿った適切なものである」と（担当）監査法人が判断したものです。とはいえ、自社と他社では取り巻く環境が異なるでしょうし、ひょっとすると（有報等で）公表されていない背景情報もあり得ます。したがって、他社事例は自社見解のサポート役というわけです。

⑶ 説得力を持たせる工夫

① 会計ルールの結論の背景を読む

会計ルールで明確に答えが書かれていない会計トピックが協議の対象ですが、「結論の背景」はぜひとも目を通しておきましょう。会計ルールの後半部分に書かれているので、脇役と捉えてしまい見落としがちですが、本文の規定の考え方や検討しておくべき視点などが示されていることがあります。ですから、結論の背景を読まずに監査人と協議をすると、検討漏れを指摘される可能性が高まります。

② 監査人へ軽く相談しながら書く

自社案のポイントになる部分や重要な要件のあてはめ部分を、軽く監査人へ（口頭で）聞きながら自社案を書いていくと進めやすいです。もっとも、目の前に監査人を座らせてインタビュー形式で書くのではなく、監査人が監査を受ける会社へ来訪した際の雑談で、判断のポイントになる部分について「〇〇って〇〇かなと思うのですがどうですかね?」みたいな感じでさらっと話しかけます。監査人も直感で重要な話と気づくでしょうから明確な回答をその場では期待できませんが、監査人のとっさの反応や言葉から、監査でOKがもらえそうか、検討が不足している視点がないかなどを感じ取ることができます。ただし、メールなどの文章で「〇〇は〇〇と考えますがいかがですか?」といった聞き方をするのは避けた方がいいでしょう。公式の問い合わせ感が出てしまい監査人が身構えますし、「まずは文書化してください」となり会話がそこで途切れてしまいます。

③ 重要な会計上の見積りの注記を見る

近年の会計ルールで導入された「重要な会計上の見積り」の注記では、有報提出会社の独自色のある記載を見つけやすいので、目を通しておきましょう。監査人との協議で対象になりやすい会計トピックは多くの場合「見積りの会計処理」なので、比較的踏み込んだ判断経緯を見つけられるかもしれません。

④ 同じ監査法人の他社事例を探す

検討対象の会計トピックについて自社よりも先行して適用している事例がある場合は、自社と同じ監査法人が監査意見を付けている他社事例を優先して探します。自社からは窺い知れない無言の説得材料となるかもしれません。

⑤ 積極開示の他社事例を見る

収益認識などの注目度の高い会計トピックについて、要件のあてはめなどを積極的に開示する会社があります。数は多くはないものの、難しい会計トピックを実務でどのようにあてはめているのかが垣間見えるので、経理業務のゆとりがあるときに、積極開示の会社を見つけておくのをお勧めします。

同じ趣旨で、IFRS適用会社の事例も有益です。日本の会計ルールの多くはIFRSでの開発・適用を受けて導入されるので、日本では強制適用が始まっていない会計ルールを実務でどのように適用しているのかの一端を垣間見ることができます。

⑥ KAMの他社事例を見る

監査上の主要な検討事項のことをKAMといい、監査報告書で記載されます。KAMでは、重要な監査対象項目についてどのような監査手続をしたのかがわかるので、文書化にあたってあらかじめ目を通しておきます。監査人の判断過程（＝関心事）を押さえた、先回りの文書化が可能になるからです。

(a) どんな制度？

KAMは近年導入された制度で、これまで経理担当者からははっきり見えなかった「監査手続で何をしている？」が書かれている画期的な制度です。もっとも、重要な項目に限定しているので、全ての監査対象項目の監査手続が書かれているわけではありません。

(b) 監査対応への活かし方

税効果会計をはじめとした会計上の見積りの項目について、どのような資料が必要で、どんな視点で何を監査人がチェックするのかを知ることができます。会計上の見積りの項目は、決算書へ載せる金額を見積るという作業を行う経理担当者の関心の高い一方で、どのように見積ったかに関する情報が外部へ公開されることがあまりありません。会計上の見積り項目が必ずKAMの対象となるわけではありませんが、決算書へ与える影響が大きくなりがちなのでKAMの対象となりやすく、多くの事例で見ることができます。このためKAMを通して、会計上の見積り項目についての考え方や監査対応に関する情報を集めるのは有益な作業となります。

図69 説得力を持たせる工夫

⑷ 文書化のポイント

続いて、取引の会計処理の文書化を例に文書化のポイントを解説します。

① 取引の全体像の把握から始める

なによりもまず、議論の対象となる取引の全体像の把握を優先しましょう。最近の会計ルールは詳細な規定が多いので取引の断片的な情報をあてはめて文書化を早く進めたくなりますが、誤った結論を導きかねません。全体像の把握のためには、契約書をはじめとした取引の根拠資料や会計データを分析しつつ、営業担当者等に質問します。「文書化よりも先に取引の把握」がキーワードです。

② サービスとお金の流れをはっきり示す

例えば「誰から誰へサービスが提供されたのか？」「何を提供したのか？」「誰から誰へお金が支払われたのか？」をしっかり把握して、根拠資料を添えながら自社案の文書へ反映します。取引では、何らかの価値を提供されたからお金が支払われるので、サービスとお金の流れに注目すると取引の本質が見えてきます。例えば、収益認識のトピックだと顧客の特定や履行義務の内容を検討しますが、会計ルールのあてはめよりも先に、（サービスとお金の流れという）取引の本質をつかみます。

③ 情報を細かく見る

取引の根拠資料や会計データは、極力細かく見るようにしましょう。例えば、契約書に小さい文字で書いてあるフレーズや他社に払っている少額の手数料が、重要な検討ポイントにならないとは限りません。契約書の細かいチェックはうんざりする作業ですが、数をある程度こなすと、探している情報が似たような場所に書かれていることが見えてくるためです。

図70 文書化のポイント①

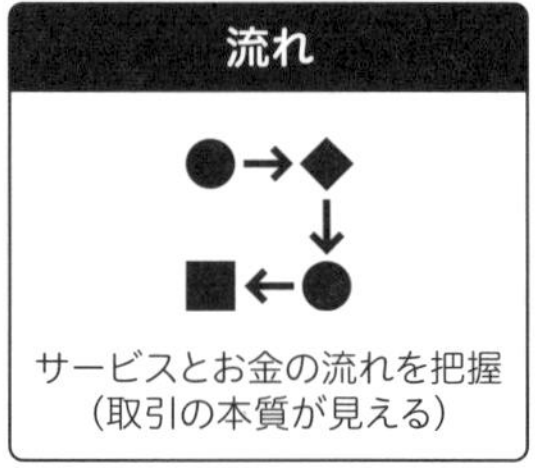

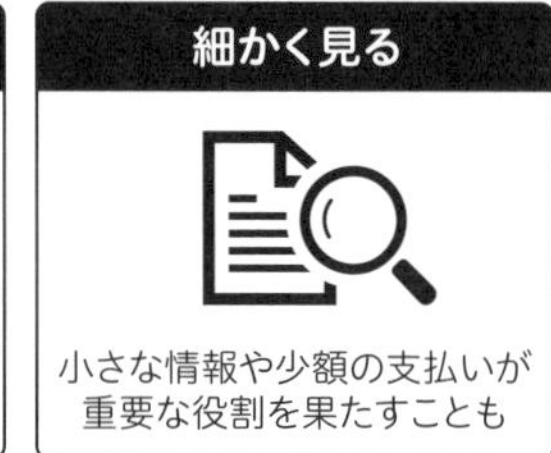

④ 情報収集を漏らさない工夫

エクセルのピボットテーブルの機能を使います。会計データや受注記録などはデータ量が膨大なことが多いので、データを1件ずつ見ていくと全体像が見えません。一見するとたくさん仕訳が切られているように見えても、同額の逆仕訳も切られていて、残高ベースだと何の影響もないようなケースは、全体像を見ることではじめて気づきます。ピボットテーブルを使うと主なパターン別に金額が把握できるので、気になる情報とその影響額をすぐに捉えることができます。処理パターンなどのフィルターを自分で設定できるのも、ピボットテーブル機能の魅力です。

⑤ コメントの裏付けを取る

自社案の文書化では、営業担当者や子会社の役員など（以下「担当者」とします）にヒアリングすることがあります。今後の受注の計画や将来の業績回復の見通しのコメントを求めるわけですが、可能な限り何を根拠にコメントしているのかを把握しておきましょう。同じ状況でも、担当者が楽観的なのか悲観的なのかによって、コメントの内容が大きく違ってくるためです。調べてみたら、得意先の担当者の希望的観測を真に受けて、あたかも受注が決まっていると捉えていたなんてことがわかることもあります。

⑥ 網羅性の確かめ方を示す

監査人は、監査手続をするときは「検討漏れはないか?」が気になるものです。ですから、検討対象に漏れがないことを確かめる方法を自社見解に付記すると、網羅性に問題がないことの強い説得材料となり、監査人も安心します。

⑦ 専門用語を忠実に使う

わかりにくくなっても、文書化では専門用語を忠実に使いましょう。収益認識会計基準に代表されるように最近の会計ルールは難しい用語や言い回しが多いので馴染みやすい用語へ言い換えたくなりますが、これは得策ではありません。監査人は難解な専門用語を使い慣れているので、言い換えた表現を使う都度、逆に監査人を戸惑わせてしまいます。

図71 文書化のポイント②

漏らさない工夫

ピボットテーブルで全体像を細かくパターン別に把握

裏付け必須

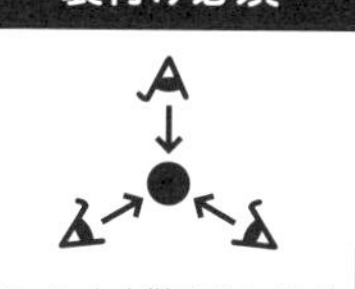

コメントを鵜呑みにせず根拠情報を確かめる

網羅性

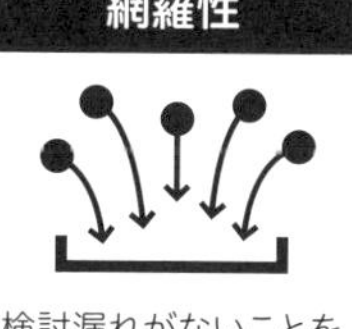

検討漏れがないことを確かめる手段を示す

専門用語

わかりやすさを犠牲にしても使い続ける

⑸ 監査人との協議は文書化がゴールではない

文書化はゴールではなく、スタート地点です。自社案ができたら監査人へ提出し、監査人はさまざまな視点から検証しますが、自社案と監査人が考える妥当な結論が違っていたり不明点があれば、多くのやり取りや協議が行われます。近年の監査の厳格化の流れを受けて監査人も慎重に検討を進める傾向が強くなっているので、自社案を提出して監査人がすんなりOKをくれるケースの方が稀と言えるでしょう。

6. 審査担当者との関わり方

「審査でOKをもらえるかな？」 悩ましい会計トピックがあると、そんな思いが頭をよぎるのではないでしょうか。監査報告書にサインをするのは業務執行社員ですが、業務執行社員が会計処理案を認めただけでは監査意見をもらえず、審査担当者のOKも必要です。そこで、経理担当者が知っておきたい、審査担当者の役割や監査を受ける会社との関係を紹介します。

⑴ 審査担当者って誰？

監査チームには所属せずに、監査手続や監査意見案に問題がないかをチェックする人のことです。業務の性質上、会社の期末決算の内容はもちろん、監査チームの行った監査手続に対して深い理解が求められます。このことから審査担当者は、業務執行社員と同水準以上の知識や経験を持った存在であることがわかります。従って、監査人の立場から見ると、適切な監査手続をして監査意見を表明するための最後の砦と言ってもいい存在です。

図72 審査担当者って誰？

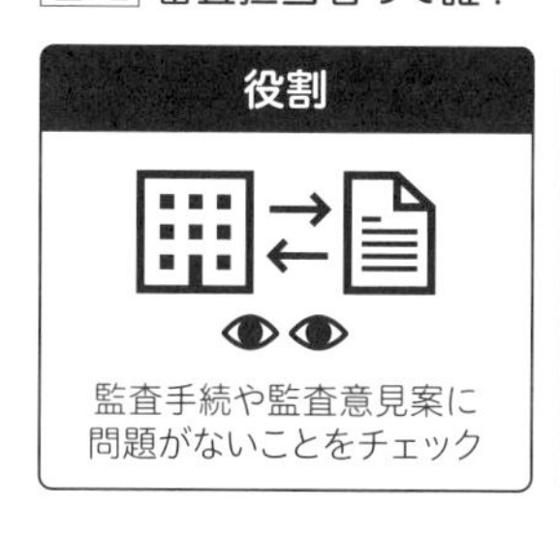

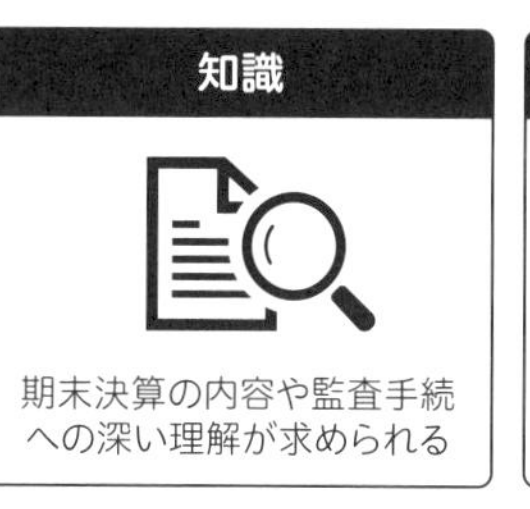

(2) 監査を受ける会社との関係

監査報告書に名前が出てくるわけではなく監査チームのメンバーでもないので、監査を受ける会社にとってはどんな人かわからない存在です。しかし、監査意見をもらうには審査をクリアしなければならないので、業務執行社員を納得させるのと同じくらい神経を遣った対応が求められます。いわば、もう一人の業務執行社員と言ってもいい存在です。

図73 監査を受ける会社との関係

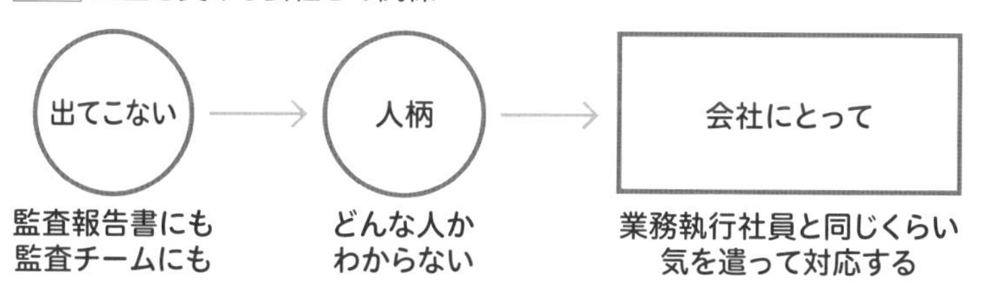

(3) 関わり方のポイント

審査担当者と接点をもつには業務執行社員や主査を介する必要があるでしょうから、コミュニケーションがしにくいのは否めません。そこで、業務執行社員や主査とのやり取りを通じて、審査担当者が何を懸念しているのか・どう考えているのかを極力早く・細かく把握します。頻繁に問い合わせるのは得策ではありませんが、程よい距離感を掴むように神経を遣いたい相手です。

図74 関わり方のポイント

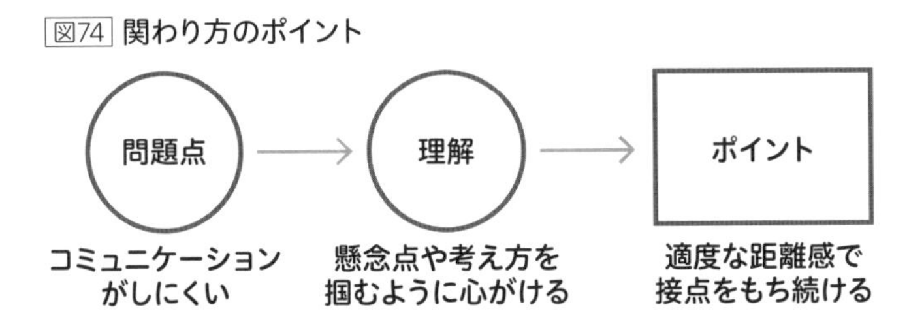

3 他部門の巻き込み方

監査対応で他の部門に対応をお願いすることがありますが、経理担当者の思い通りになかなか動いてもらえないことが少なくないのではないでしょうか。以下では、他の部門をうまく巻き込んで監査対応を行うアイデアをいくつか紹介します。

1. 相手の人柄を見る

会社にはたくさんの人がいますが、人柄は十人十色です。まめな人もいれば、大雑把な人もいます。ですから、何らかの作業や対応をお願いするときは、事前にどんな人柄なのかを知っておくことが重要です。人柄によって進め方が違うからです。どんな性格かわからないときは、その人から受け取ったメールやチャットを眺めてみましょう。すると、性格やこだわりが見えてくることがあります。

⑴ まめな性格の人

「何を」「どのように」「どんな形で」「いつまでに」といった情報を

しっかりと伝える必要があります。また、回答しやすいようなフォーマットを準備するような工夫もすると、好意的に対応してくれるでしょう。

⑵ 大雑把な人柄の人

「直接依頼」「しつこく伝える」「何度も繰り返す（＝プッシュする)」がポイントです。「しつこく依頼したら怒られるかも」と不安になりますが、気にしていない可能性が高いので、このような心配は杞憂でしょう。むしろ、うっかりされている可能性の方が高いので、しつこい方がありがたく感じてくれる可能性もあります。

図75 相手の人柄を見る

2. 頼み方

⑴ 誰に頼むか？

状況や内容に応じて使い分ける方がいいでしょう。例えば、ある程度まとまった量の深い調査が必要ならまめな性格の人に頼むべきでしょうし、概要を知りたいだけなら、大雑把だけどフットワークの軽い方に頼む方が話は早くなります。

⑵ 何回頼むか？

相手の人柄によります。まめな人なら極力一度にとどめるべきです。依頼をされたらしっかり内容を理解して着実に対応してくれるので、何度も頼むとご本人の仕事に差し支えるし心証を害されるかもしれません。逆に、大雑把な人なら何度も頼むのも問題ではないでしょう。むしろ、経理担当者側で対応の消込を行い、対応してもらえるまでは何度もプッシュし続けるのが効果的と思います。

⑶ 伝え方

やってほしいことをシンプルに伝えるのがベストで、これは相手の人柄に関係はありません。「○○をしてください」といった感じです。逆に「○○の場合は○○で、違う場合は□□で」みたいな込み入った頼み方をすると、かなりの確率で思い通りの対応をしてくれない可能性が高まります。キーワードは「わかりやすく簡単に」です。

図76 頼み方

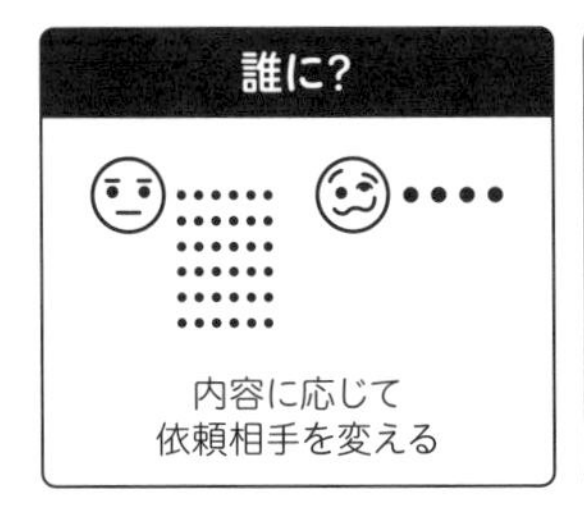

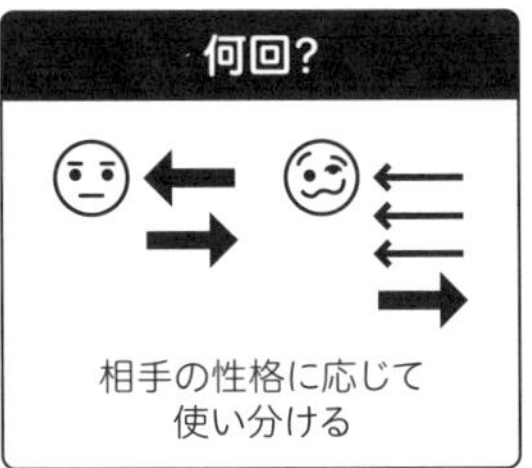

3. 相手の気持ちや状況に関心を持つ

経理担当者が他部門に「○○してほしい」という気持ちがあるように、他部門にも「○○したい」という感情がありますし、取り巻く環境も違います。ですから、どう思っているのかを推測して、ベストな頼み方を心がけましょう。既にお互い知った仲であれば特段の地ならしは不要ですが、関係が深くないのなら「監査人から依頼されているので、申し訳ないが協力してくれないか？」といった感じで下手に出るべきです。「経理部からの依頼は面倒な作業」というイメージが強いからです。どうしても納得して頂くのが難しい場合は、他の方や相手の上司を通して依頼します。

4. 相手の忙しいタイミングを避ける

　つい自分目線で考えてしまいがちですが、他部門の人の忙しいタイミングは避けて頼むべきです。他部門の人にとって、経理部からの依頼や監査対応はある意味他人事なので、忙しいときに頼んでも後回しにされるだけだからです。

5. 質問・依頼資料リストを使うべきか？

　相手によります。まめな人に頼む場合は、リストへしっかり目を通してくれる可能性が高いですが、大雑把な人は、リストをあまり真剣に見てくれない可能性が高いからです。「リストを作り込んで相手が対応してくれるか？」を考えて、使うか否かを考えます。リストの作り込みは簡単な作業ではないので、相手に響かないのなら割に合わないためです。

図77 他部門の巻き込み方

6. 相性を意識する

他部門への依頼や監査対応で、Ａさんだとなんだか話がこじれてくるけど、Ｂさんならうまく話が進むといったことがよくあるのではないでしょうか。進め方の巧拙もありますが、当事者同士の相性が理由の場合もあります。決算作業や監査対応には時間的な制約があるので、当事者同士の「相性」も見逃せない重要な視点です。そこで本節の最後に、相性に関して気に留めておきたいことをお伝えします。

⑴ 基本的な発想

① 正しいのはどちらなのかという視点を捨てる

相手と見解が一致しないときなどは、どうしても「自分は正しいことを言っているのに」と思ってしまいますが、それを全面に出して接すると相手には価値観の押し付けと捉えられかねず、うまく進みません。スムーズに進めるにはどうしたらいいかという発想を持つようにします。

② 相性の合いそうな組み合わせで進める

接点をもちたい相手方の性格や立場は変えられないので、こちら側の出方（誰がどのように接点をもつか）を変えるという発想で臨みます。

⑵ 一応の目安

業務を進めていく上で相性に関して注意しておきたいポイントをいくつかお伝えします。但し、絶対的な法則・理論めいたものではなく、日常のちょっとしたヒント程度に捉えてください。

① 性格

細かいことに気が付きやすい人もいれば、大雑把な人もいます。例えば、細かい性格の人に対して大雑把な進め方をすると、相手は抜けている点が気になってしまうかもしれません。逆に大雑把な人に対して細かくあれこれ指摘すると、気分を損ねてしまう恐れがあります。そこで、相手の性格に似た担当者を立てて接すると、お互いにしっくりくると感じてうまく進む可能性があります。ただし、大雑把な人同士だとどうしても細かいところに気が回らないことがあり、細かい人同士だと細かいところが気になって、大局を見る視点が疎かになるかもしれません。こういった懸念は、依頼側の上司や他の経理担当者（＝同僚）が適宜フォローを入れることで防ぐことができます。

② 立場

会社には職階があるので、特に相手の職階が高い場合はこちら側の担当者の職階も気をつけたいです。簡単に言うと、メンツを立てるということです。一概には言えないものの、職階が低い人から何かを言われたり頼まれたりすると、心地よく感じない方もいるでしょう。そこで、物事を頼む側の職階にも気を遣うことで、「○○さんに頼まれたら仕方がないな」と相手に思ってもらいます。ただし、職階が高い人同士の話だと、どうしても実務的な細かい話が抜け落ちてしまう懸念はあるので、実務を担当する人が適宜サポートに入るとうまく進みやすくなります。

図78 相性を意識する

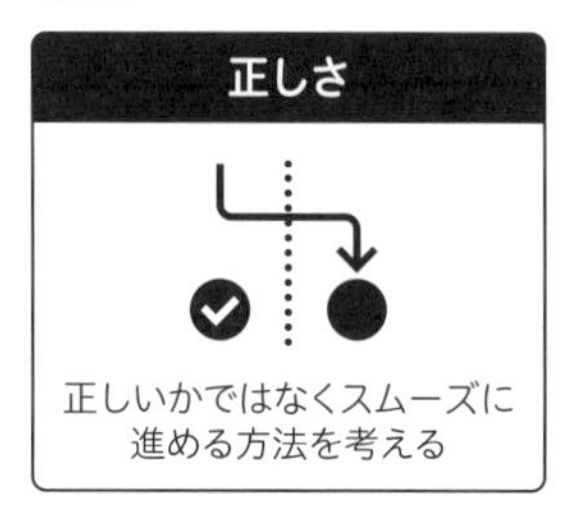

第4節　監査人との対話に困ったら？

監査人とのやりとりも、相手の感情に注目するとうまく進みます。そこで本節では、3つのトピックを、相手の気持ちに注目しつつ解説します。1つ目は監査対応で使えるテクニックを、2つ目は監査対応ではどのように立ち回るべきなのか、そして3つ目は監査人との雑談についてお伝えします。

1 監査人との対話で使えるテクニック

「監査人と上手にコミュニケーションをとる方法はないかな？」。

監査対応で困ったときに、そんなことを考えられた経理担当者は少なくないのではないでしょうか？ そこで、監査人との対話で使えるちょっとしたテクニックを紹介します。劇的な効果があるとまでは言えませんが、監査対応が少なからずスムーズに進むきっかけにはなると思います。

1. 急ぎの質問・相談はいつする？――適したタイミング

はじめに、経理担当者が監査人へ急ぎの質問・相談（以下「相談」とします）するタイミングについてです。

(1) 反射的な相談は避ける

監査人へ相談した後にどういう展開になるかを想像しながら、タイミングを決めます。逆に言うと、反射的に相談するのは極力避けた方がいいと思います。ヤブヘビになったり、予期せぬ展開に発展する可能性があります。

⑵ 急ぎの質問・相談はいつする？

4つ紹介しますが、ポイントは「監査人の頭の中を想像する」です。

図79 急ぎの質問・相談はいつする？

① 監査人の繁忙期を避ける

誰しも忙しいときは優先順位の高くない業務を後回しにしがちです。これは監査人に限った話ではないですが、早いレスポンスがほしいときは、監査人の忙しい時期を避ける方が賢明です。「担当監査人の繁忙期なんてわからないなぁ」と思うかもしれませんが、その時は雑談をしてみましょう。監査人との雑談で「最近忙しいですか？」とさりげなく話しかけて、その反応を覚えておきましょう。「いやぁ業務が重なっちゃって」といった発言があれば、その時期が繁忙期である可能性が高いです。また、メールや電話のレスポンスが遅い時期も覚えておくと、情報をつなぎ合わせれば監査人の繁忙期がおぼろげに見えてきます。

② 電話やメールは極力避ける

電話しても出ずに折り返しがなかったり、メールも返事がないという場合があります。そうするとこちらが悶々とするばかりで、返事がない背景を直接確かめることができないので、早く返事がほしい時は避けた方がいいでしょう。

③ 直接会ったときに話をする

　というわけで、電話やメールなら後回しにできても、目の前で経理担当者に質問されたら、（最終的な回答かはともかくとして）監査人は何かしらの回答をしてくれることでしょう。電話やオンラインでは伝わらない雰囲気も感じとることができます。急ぐ時は直接会ったときに（状況を見ながら）相談するのがおすすめです。

④ 監査意見までのスケジュールを考えて相談する

　時間的な余裕があれば、慎重にじっくり検討をしたくなるのが人の性（さが）です。一方で、ミニマム対応を目指すには必要以上に重箱の隅をつつくような検討はできれば避けてほしいところです。ただ、だからといって相談ごとをいつまでも抱えて期限ギリギリに持ち込むと「なんでもっと早く相談してこないんだ」と監査人に不信感を持たれてしまいますし、解決への道筋も困難になり得るので、監査意見までのスケジュールをにらみながら、早過ぎず、遅すぎずの「いつ相談するのがベストか?」というタイミングを探りましょう。

2. 時間を置いてみる

　何らかの会計トピックで監査人と協議がうまく進まないことがあるのではないでしょうか。そんな時には、「あえて時間を置いてみる」という方法も効果的です。対話を諦めたり協力を拒むという非協力的なことを推奨しているわけではなく、お互いに歩み寄って膠着状態を打破するために一旦立ち止まってみるというイメージです。以下でメリットを紹介します。

図80 時間を置くメリット

(1) 考える時間の確保――次の出方を考えられる

誰しも「あっ、言わなきゃよかった」という経験をされたことがあると思います。即答・即レスすると考える時間がとれないので、余計な一言が予期せぬトラブルを招くことがあるからです。監査人への質問・相談のネタは白黒がはっきり付けられるものばかりではなく、相手の出方を見てこちらの出方を決めるといった交渉事の側面もあり得ます。そんな時に時間を置くと、監査人の出方を観察できますし、こちらの出方を考える時間的余裕も生まれます。

(2) 冷静になる

監査人は場合によっては会社に都合の悪いことも言わないといけないので、経理担当者もカンに障ることがあり得ます。監査には交渉事の側面もあるので、カチンときたからといって感情的な反応をしても建設的な結果にはなりません。そこで、時間を置くことでお互いに冷静になる時間を確保するのも１つの方法です。

⑶ 情報収集の時間を確保できる

監査人は当然ながら会計監査の深い知識・情報を持っているので、監査人と会計トピックの協議をしていると、経理担当者が劣勢になり、知識・情報不足により伝えたいことが適切に表現できなくなってくることもあるでしょう。そんな時は無理に協議を続けずに、いったん「検討します」と回答をして時間を置きます。次の協議の機会までに、反論に必要な知識・情報や他社事例を集めることができます。

3. 余計なことは言わず、聞かれたことにきちんと答える

前述の通り、ミニマム対応のためには、聞かれたことにだけ答えるという受け身の監査対応が効果的です。繰り返しますが、非協力的という意味ではなく、聞かれてもいないことまであれもこれも話さないという意味です。病院にかかる場面を想像してください。お医者さんの質問に的確に答えなければ、きちんとした診察を受けられませんよね。監査人も自身の経験から様々なことに思いを巡らせて質問してきますので、余計なことは言わず、的を外さない回答をするよう心掛けてください。

⑴ 提示する資料は監査人の求めに応じて

聞かれていないことまで話すと、監査人としては聞いてしまった以上調べたくなってしまいますので、監査手続の範囲が広がるきっかけになり得ます。これは監査人も大変ですし、経理担当者としても手間が増えて良いことがありません。もちろん、監査人の不信感を煽るウソや隠しごとはダメですが、提示する情報量は少ない方が判断材料は減ります。但し、監査人が必要と判断して求めてきた情報・資料は提示する必要がありますし、いつも提出する資料すら提出しないといっ

たことのないようにしてください。

⑵ 監査人からの問いかけを待つ

監査人は、経理担当者の回答から情報の正確性を調べたり、その背景を推測します。ですから、新しい情報を入手したら、監査手続をする上で会計処理の誤りがないかを追加で確かめる必要が出てくることがあります。経理担当者としては、監査人が納得するまで（こちらからは積極的に接点をもたずに）監査人の発言や次のアクションを待った方が、監査手続が不必要に増えるのを防ぐ効果があります。

図81 余計なことは言わない

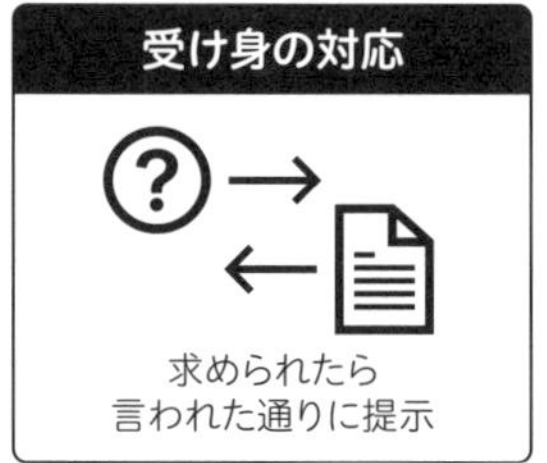

2 立ち回り

それでは実際に監査人とコミュニケーションをとるときに、どういった立ち回りをすればいいかをご紹介します。

1. 基本方針

立ち回りのコツは余計なツッコミや詮索の余地を与えないことですが、そのためには言葉や表現に気をつける必要があります。ミニマム対応が本書の目指す方向性なので、社内では先に準備をし、監査対応では回答に注意しつつ受け身の姿勢で対応するというアプローチです。

図82 基本方針

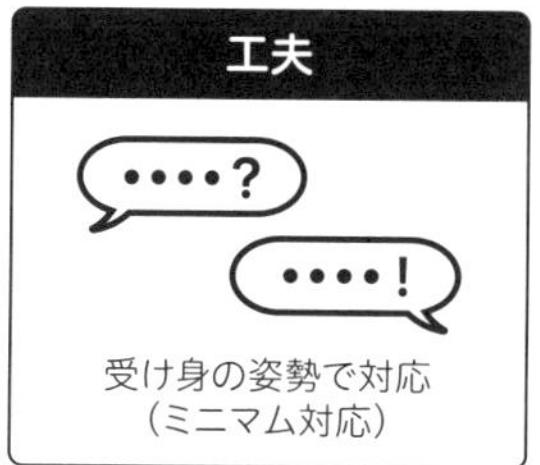

2. 監査人へ資料を提示するとき

(1) メモを付ける

説明を簡単なメモで書いておきます。口頭で伝えた上に文や図も書くのは少なからず面倒に感じますが、監査人の上司に同じ質問をされるのを防げます。但し、口頭で伝えた内容の要約で十分で、一言一句レベルまで文字で書くと、今後も同様の対応を期待されることになり、ミニマム対応から遠ざかります。

(2) 水面下でも調べておく

聞かれてはいないものの、関連して聞かれる可能性のあるトピックも水面下で調べておきます。但しこちらは率先して監査人へ伝える必要はなく、聞かれたら説明します。「ミニマム対応」では、積極的な説明は不要です。それなのに、聞かれていないことまでなぜ時間を割いて調べる必要があるのか不思議に感じられるのではないでしょうか。それは、一石二鳥という言葉がある通り、最初に調べるときに一緒に調べておいたほうが、結局後で頼まれて似たような調査をする手戻りを防げるからです。

図83 監査人に資料を提示するとき

答え方

たとえ面倒でも
メモを作る方が有益

工夫

追加で聞かれる可能性が
あることは水面下で調べておく

3.「この金額はどこから？」と聞かれた場合

⑴ 答え方

簡単な図を使って説明します。金額のつながりや根拠がわからないと、その資料を見た他の監査人（上司等）から後で同じ質問を受ける可能性があるためです。

⑵ 工夫

おすすめしたい工夫は2つです。いずれもほんの少し手間はかかりますが、後で何度も聞かれることを防げます。

① 全体像の簡単なイメージ図

監査人への説明の時に、監査人へ提出した各資料が互いにどのようにつながっているのかを、簡単なメモ書き程度で図にしておきます。

② 金額をハイライト

それぞれの資料のリンクしている金額にマーカー等でハイライトしておきます。

図84 「この金額はどこから？」と聞かれた場合

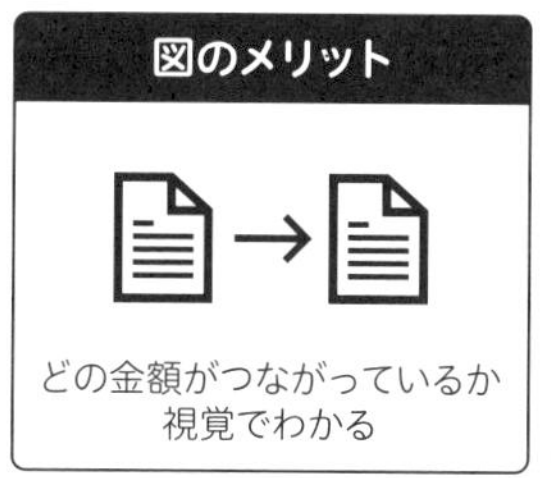

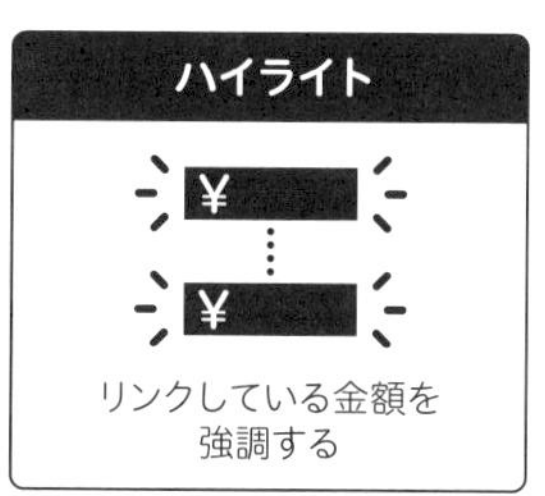

4. 監査人からの質問に対する回答の作成時

(1) 対応

面倒でも回答の資料は経理担当者が作った方がいいと思います。

(2) 工夫

回答の内容次第では監査人がメモをすることがあるでしょうが、回答の資料は経理担当者が作る方がいいと思います。監査人の誤解や聞き間違いを防げるので、もう一度聞いてくる可能性を避けることができます。

図85 回答を作る時

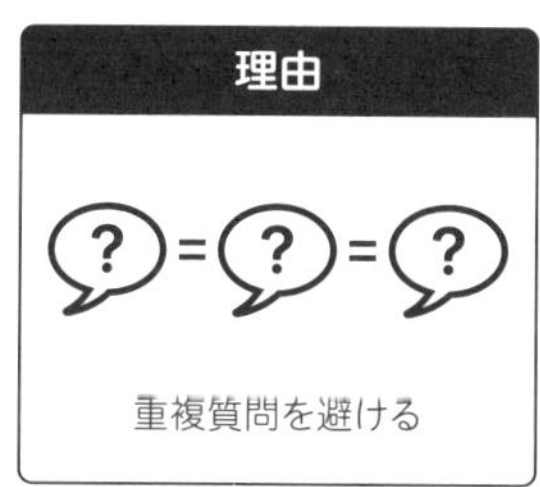

5. 回答の仕方

⑴ 監査人の上司を絡ませて返信する

例えば、監査人が質問をしてきた場合も、監査人の上司をメールでCCに入れるなどして意図的に絡ませて回答します。

⑵ 理由

監査人が行った質問などの監査手続は当然その監査人の上司がチェックしているはずなので、実質的に質問をしているのはその上司の可能性もあります。上司を回答相手に絡ませることで、後で似たような質問を再度受けるのを防げますし、追加質問があるのなら、その場で回答をすることも可能です。

図86 回答の仕方

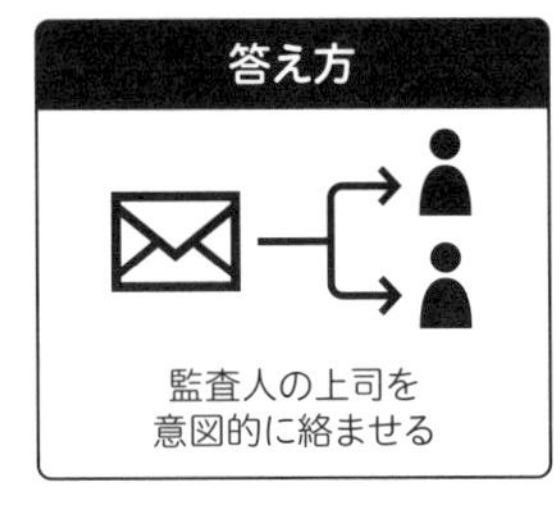

6. 自分で調べてもらうための資料を用意する

期末決算の時は経理担当者も忙しいので、何かを聞かれて回答する時間や調べる手間は極力減らしたいところです。そこで、いわば「自動回答装置」とも言える工夫をいくつか紹介します。ポイントは、「監査人に自分で調べてもらう・見てもらう」です。

⑴ 決算資料をファイルに綴じておく

監査人が見たいであろう資料を作って、あらかじめ綴じておきます。監査人から「○○の資料をください」と連絡を受けて提出するのは些細な手間の印象はありますが、経理担当者の作業がその都度止まりますし、チリも積もればかなりの時間ロスになり得ますので、それを防ぐためです。

⑵ 監査人が使えるパソコンを用意する

会計の帳簿データは膨大なので、もっぱら会計ソフトやシステムを使います。一方で、セキュリティ面を考えると監査人のパソコンから会計システム（ソフト）へアクセス可能にするわけにもいきません。もちろん、依頼を受けてから必要なデータだけを提示するのもありですが、⑴と同じく少なくない手間です。会計ソフトやシステムのデータは監査人が必ず見る情報ですから、会計ソフトやシステムのデータを閲覧できるパソコンを監査を受ける会社が用意して、あらかじめ監査部屋に準備しておくと、監査対応の手間を防げます。

⑶ 質問リスト・依頼資料リストを共有する

経理担当者の手を止める小さくない理由が、何度も同じ質問・依頼をされるということでしょう。それを防ぐのが、質問リスト・依頼資料リスト（以下「リスト」とします）です。共有フォルダ上にリストのエクセルを保存しておき、そこへ適宜質問・回答・資料の提出状況をお互いに反映させていきます。但し、常に更新し続けないと有名無実化してしまうので、更新はかなりの手間です。しかし、メリットは重複依頼による手間を補ってあまりあるので、おすすめの方法です。

⑷ 共有フォルダを作成する

近年の決算では、エクセルやCSV、PDFをはじめさまざまなデータを使うので、監査人からデータの提示を求められることもあるでしょう。依頼を受けてから出すのもありですが、明らかに依頼されると分かっているのなら、セキュリティ上問題のない共有フォルダを作成して監査人がアクセス可能にしておき、そこへ提出資料を格納するのも1つの方法です。データの誤送信も防げますし、同じ依頼を何度も受けることを防げます。フォルダを見てデータがないなら、まだ監査人へ提示していないということになるので、提出資料の消し込み作業を監査人側に任せることもできます。

図87 回答のツール

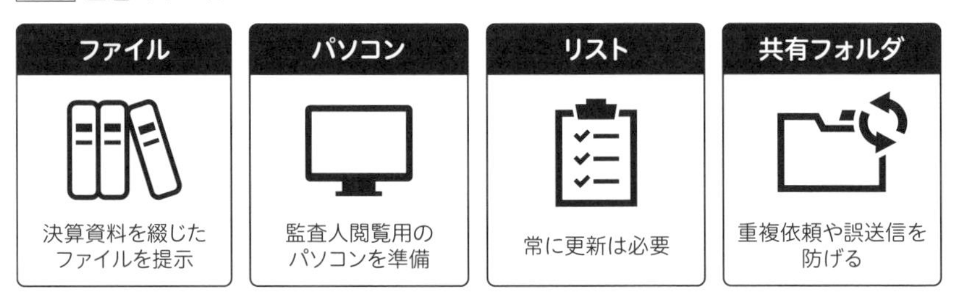

7. 増減分析に関する質問を受けたとき

⑴ 答え方

「なぜ増えた（減った）のか?」は、監査手続で頻繁に聞かれる質問でしょう。聞かれたら端的に「要因は2つで、○○が○○百万円、△△が△△百万円増えたから」と答えます。そして、回答にあたってはいくつか工夫があります。

⑵ 工夫❶「主な」はつけない

会社はさまざまな取引をしているので、毎年常に同じ金額が発生するわけではありません。そこで、きっちり答えたいからと「主な要因は……」と言ってしまうと、監査人の中には「他にもありますか？」と聞きたくなる方もいるでしょう。ですから、「主な」はつけない方がいいと思います。あえてつけなくても、監査人が気になったら聞いてくるからです。

⑶ 工夫❷ 資料は求められたら出す

増減分析の質問をされて回答の準備をするときに、いくつかの裏付資料を入手することがあるでしょう。長い付き合いがあり、監査人との間で強い信頼関係があるならそのまま提出したらいいと思いますが、仮に人柄をつかみかねている段階なら、「求められたら出す」というスタンスでいいと思います。付き合いが長ければ、監査人がどんな反応をするか見当が付くからです。

図88 増減分析の回答

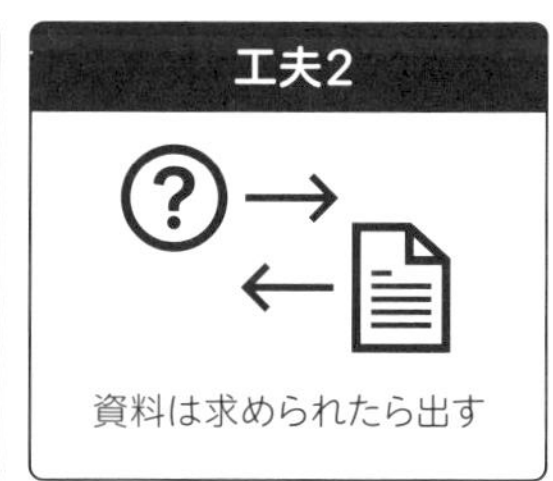

8. 確認差異の調査

⑴ 説明

① 答え方

「相手先が○○の会計処理をしていないからで、その金額は○○円です」と回答します。つまり、「自社の会計処理の視点から見れば」という意図を言外に含ませるのがコツです。但し、重要な会計処理の誤りなのが明らかなら、自発的に修正すべきです。そうしないと、正しい期末決算をする意思のない会社というレッテルを監査人に貼られてしまい、逆効果だからです。

② 理由

確認は、監査を受ける会社が言っている金額が正しいことを会社外部の回答先へ確かめることを目的にしています。つまり、「回答先が言ってきた金額は、自社のルールに照らすと正しい金額ではない」ことを、監査を受ける会社は差異調査で主張する必要があります。例えば、自社が出荷基準で売上の会計処理をし、回答先が検収基準で会計処理をしていると、「出荷済未検収」の状態にあるものは差異になります。回答先が回答を間違えているわけではないのですが、「自社のルールに照らすと適切な回答ではない」ということです。

⑵ 裏付資料

差異の理由を調べるときに手に入れた資料は手元に置いておきます。そして、監査人から依頼されたらコピーを提示して、同じ資料を経理担当者も持っておきます。ミニマム対応は受け身が基本方針であり、確認差異の調査の場合も同様です。

図89 確認差異の調査

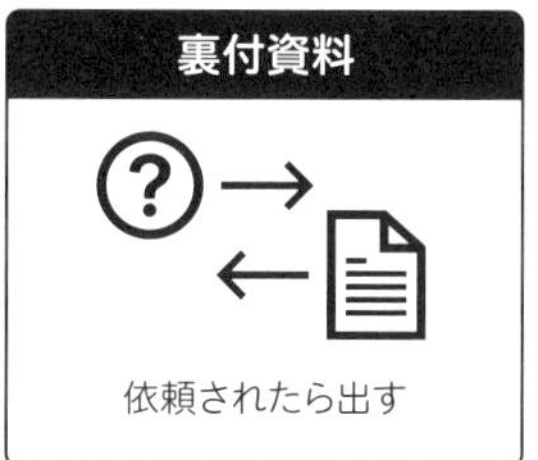

9. 監査人のチーム内情報共有対応

複数の監査人に情報を共有してほしいときに使う工夫をいくつか紹介します。

(1) メール

メール本文冒頭の宛先に〇〇様とあえて名前を書くか、個別にメールを送ります。これらは原始的な方法ですが、効果はあります。「関係者各位」をメール本文冒頭に書くと、「自分をメインの宛先にしたメールではないし、誰かが対応してくれているはず」とメールの読み手へ無意識に思わせてしまいます。また、「CC」に入れるのも同様に相手の当事者感を下げてしまいます。

(2) 共有フォルダ

見てほしい資料や打ち合わせの議事録は、共有フォルダへ格納し、フォルダ名に【重要】と書くと見てもらえる可能性が高くなります。【重要】を頻繁に使うと効果は無くなりますが、たまに使うと「見ておくか」と思わせる効果があります。

図90 チーム内情報共有

10. 社内での協力要請――監査人の名前や力を借りる

⑴ 他部門への依頼

何らかのトピックを監査人が質問・依頼してくることが想定されるときに、社内の他部門に対応をお願いしないといけないケースがあるでしょう。そんなときには、「監査人が〇〇と言ってくる可能性が高いので」というフレーズを使います。他部門の人は、経理担当者の依頼なら面倒に思うかもしれませんが、監査人が依頼してくるのなら仕方がないなという印象を持ってもらえる効果があります。

⑵ 面倒なことを言う必要がある時

他部門に何か都合の悪い・面倒なことを言う必要がある場面で経理が言うと、他部門との間にしこりが生まれるかもしれません。そんな時は、監査の一環で監査人に言ってもらうのも一法です。監査人は仕事（監査手続）の一環で言うわけですし、経理担当者との良好な関係を維持するために協力してくれるはずです。他部門としても、「監査人がいうのなら仕方がない」と腹落ちしてくれるかもしれません。

図91 監査人の名前や力を借りる

11. 資料の提出や回答をもう少し待ってほしいとき

少なくとも放置は避けた方がいいので、見通しを伝えるべきです。ただ、「〇日に提出します」と言ってしまうと、万が一出せなかったときにウソをついてしまったことになります。そこでおすすめなのは、「〇〇部長・□□取締役の確認が済んだら」のような、具体的な日付ではない回答です。「外出・会議が続いていて、まだ確認してもらってない」という回答が当面は可能なので、経理担当者が主導的に提出・回答のタイミングを決めることができます。

図92 もう少し待ってほしい時

12. 抽象的に回答せざるを得ない時

社内で調整が済んでいない、まだ対応していないといった事情があって、監査人へはっきり回答できないことがあり得ます。そんな時には、「検討中です」がおすすめの返答です。この言葉には、「依頼されたことは着手している」「まだ回答できる状況ではない」といったプラスの印象を持たせることができます。仮に進捗を根掘り葉掘り聞かれたら、（ご本人には申し訳ないですが）「〇〇課長の返事待ちです」みたいに、自分の力の及ばないことが理由で回答ができないといった答え方をします。

図93 抽象的な回答が必要な時

13. 質問が抽象的で意図をつかみかねる時

監査人から質問されたものの、何を聞かれているか（意図や内容）がわからないこともあるでしょう。そんなときに考えられる工夫は2つです。

⑴ 質問の解釈を逆質問

「それは〇〇ということですか？」「見たい資料は〇〇ですか？」のように、経理担当者の解釈を監査人に尋ねます。認識の相違があると、調査や監査対応の資料準備に割いた時間が無駄になり、かなりの手戻りが発生することを避けられます。

⑵ しばらく時間を置く

無視をするのではなく、「検討します」とだけ返事をして、しばらく様子を見る方法です。監査人自身が何を聞きたいか・依頼したいかがを明確に理解できていないなと経理担当者が思ったときにおすすめの方法です。しばらく時間を置くことで、監査人の頭の中がクリアになって、後程の依頼・質問で明確な内容になる可能性があります。

図94 質問が抽象的な時

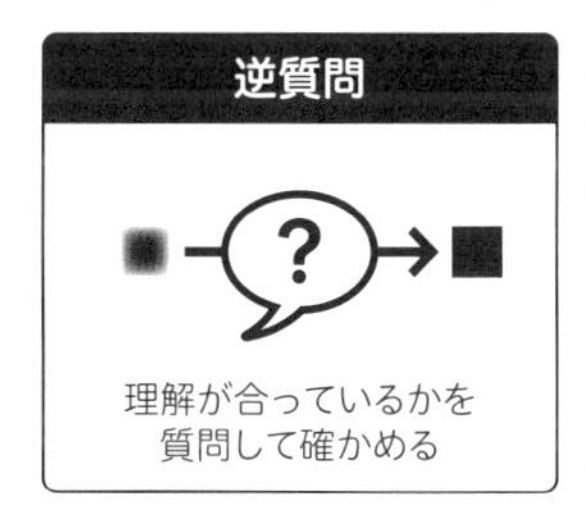

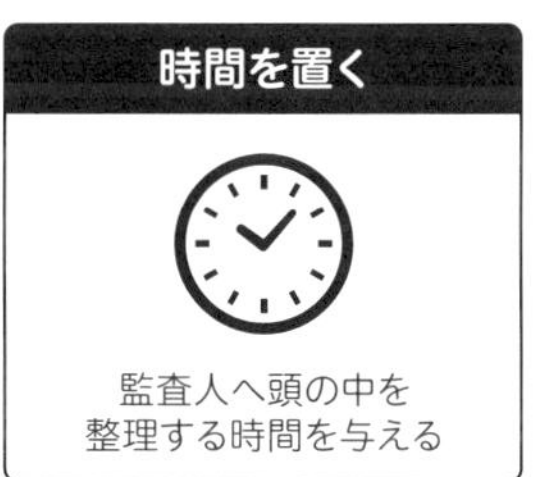

14. 忙しくて断続的な質問・依頼を受けたくない時

⑴ 工夫

電話・メールにはリアルタイムで対応せず、毎日特定の時間にまとめて対応します。そうすると、「○○さんは忙しいんだな。いつも○時に返事をくれるから、もう少し待ってみよう」という好意的な印象をもって、待ってもらうことができます。なお、全く対応しないのはおすすめできません。監査人との間で感情的なしこりが残ってしまうからです。監査人とはある程度まとまった時間を同じ空間で過ごすので、ギクシャクした関係は極力作らない方がいいと思います。

⑵注意点

気をつけたいのは以下の２つです。

① 放置せず必ず対応する

最終的には必ず対応するべきです。そうしないと、単に放置されているだけと監査人へ思わせてしまい、悪印象を持たれてしまいます。

② 夜遅くに返事しない

経理担当者はたくさんの業務を抱えているので、夜遅くまで経理の仕事に追われることもあるかも知れず、そんなときに監査人のメールや依頼文を目にすることがあるかもしれません。すぐに回答メールを送りたくなりますが、避けた方がいいと思います。これは、ビジネスマナーというよりも、監査人に「夜遅くまでメールを見ている」という印象を持たせないための、自衛的な工夫です。

図95 断続的な質問・依頼を受けない工夫

15. リモートワークと監査対応

⑴ 新しい問題

　新型コロナの影響でリモートワークが一気に働き方のひとつの手段となり、監査業界も例外ではないでしょう。これまでは、監査を受ける会社へ監査人がやって来て、資料を見たり話をしたりしていたのが、会社へ来ないでオンライン上で監査手続を進めることもあるかもしれません。監査人も経理担当者も自宅に居ながらにして監査手続や監査対応ができるので、移動時間の節約等、多くのメリットがあります。一方で、直接会わないことに伴うデメリットもあり、監査対応の手戻りや作業の増加を招くことになりかねません。そこで以下では、そんなデメリットを回避する工夫をいくつか紹介します。

⑵ 工夫

① 依頼資料の認識のズレ

　監査人が求めている資料と経理担当者が認識した依頼資料の間にズレが発生することがあります。直接会っていた時は「○○ではなくて△△」と伝えればすぐに準備できていたのが、経理担当者も出社せずに監査対応することもあり得るので、認識のズレが時間のロスにつながります。このような問題を避けるには、経理担当者から「どんな資料がほしいのか?」「その資料で何を確かめたいのか?」「どんな情報が載っていると想定しているのか?」等を、これまで以上に根掘り葉掘り聞きます。そこをしっかり確かめてから着手します。監査人にうんざりされることもあるでしょうが、依頼資料の認識の不一致を防げれば、結局はお互いにメリットがあります。

②表情が見えない

相手の考えていることは、言葉だけでなく、表情からわかることもあります。しかし、リモートワークで直接会う機会が減ると、表情が見えにくくなります。そうすると、声やメール等の文章から相手の考えていることを読む必要性が出てきますが、そう簡単ではありません。そんな時は、監査人に「オンライン会議のときに画面へ表情を映してほしい」と伝えるのも1つの工夫で、監査人は断る理由がありません。

図96 リモートワークでの監査対応の工夫

3 意外と侮れない雑談の効果

「雑談」には、職場での人間関係やコミュニケーションを円滑にする効果があります。相手が監査人でも、常に決算・監査のことだけを話す必要はありません。ただ、個人の趣味を滔々と話して時間を浪費してはもったいないので、何かしら耳寄りな情報を得るようにしたいところです。そこでここでは、決算・監査に役立つ雑談のコツを紹介します。

1. 雑談の基本方針

⑴ 誰に話しかけるか？

ポイントは、余裕のある監査人へ話しかけるということです。余裕のないときに話しかけても、経理担当者にとって有益な情報は語ってもらえない可能性が高くなります。また、冗談が通じない真面目な監査人やまだそこまで関係が深くない監査人に対しては、控えたほうがいいでしょう。

① 話好きな人

会話がある程度弾まないと、有益な情報が聞けません。話をするのが好きな人を選んで話しかけた方がいいでしょう。口の堅い人・重い人に話しかけても、バツの悪い沈黙が続き、監査部屋に微妙な空気が漂ってしまいます。

② ぶっちゃけトークができる人

雑談は監査人とのヒマつぶしは目的にしてはおらず、何らかの有益な情報の入手が目的です。脇が固い監査人には雑談を聞き流されてしまう可能性が高いので、ぶっちゃけトークができる、冗談のわかる監査人を選んで話しかけるようにします。

③ 新人監査人は避ける

監査法人へ入所したばかりの新人監査人に雑談を持ちかけるのは避けた方がいいでしょう。新人はわからないことだらけで余裕がないので、雑談に付き合う精神的なゆとりを持つのが難しいからです。ただし、短くない社会人経験を経て監査法人へ入所している監査人は要領を得ていることがあり、例外的に雑談を持ち掛けてもOKの場合があります。

図97 基本方針

⑵ 話しかけるタイミング

筆者が考えるグッドタイミングを紹介します。

① 昼食休憩から1時間後

監査人に限った話ではありませんが、無言で何かの事務作業をしていると、昼食休憩後にかなりの確率で眠気がきます。つまり、業務に対する集中力が下がっている可能性が高いので、話しかけても敬遠はされにくいと思います。少し休憩したいとか、業務のリズムを変えたいと思っているはずだからです。逆に、緊急対応をしていたり、込み入った資料・情報をなんとか理解して上司へ報告しようとしているときに話しかけると、生返事になる可能性があります。

② 話しかけたい人の上司がいないとき

誰しもよほど神経の太い人でない限りは、上司の目の前で心を開いた会話はしにくいでしょう。ですから、本音ベースの話をしたいときには、話しかけたい人の上司がいないタイミングを狙います。

③ お互いにゆとりがあるとき

経理担当者は決算作業に、監査人は監査手続に忙しいですが、監査日程が始まってすぐの時期は、ともにゆとりがある状況でしょう。そんな時なら、少々くだけた雑談もしやすいので、おすすめです。

④ 質問を受けて回答をした後

監査手続の一環で質問を受けたり、何かの調査を依頼された回答が一通り終わった後に、会話が一区切りつくと思います。その瞬間なら違和感もなく、雑談をするいいタイミングです。

図98 話しかけるタイミング

(3) 会話の布石の打ち方

① 会話の流れ

日常の何気ない会話と同様に、監査人との会話でも流れがあります。唐突に本題の話を始めると、会話に違和感が漂ってしまい、監査人に警戒感を与えてしまうこともあります。そんな違和感を避けてスムーズに会話をするには会話の布石を打つ必要があり、効果を発揮するのが雑談です。

② 効果的な雑談

言っても差し支えのないレベルの自社の話から会話へ入ります。「実は最近、うちの会社で○○してまして／○○なことがありまして」のような感じです。監査から離れすぎず、本題から微妙に距離のあるトピックなので、監査人との会話が弾みます。その雑談が一息ついたタイミングで本題へ入ると、本題の会話がスムーズになります。

図99 会話の布石の打ち方

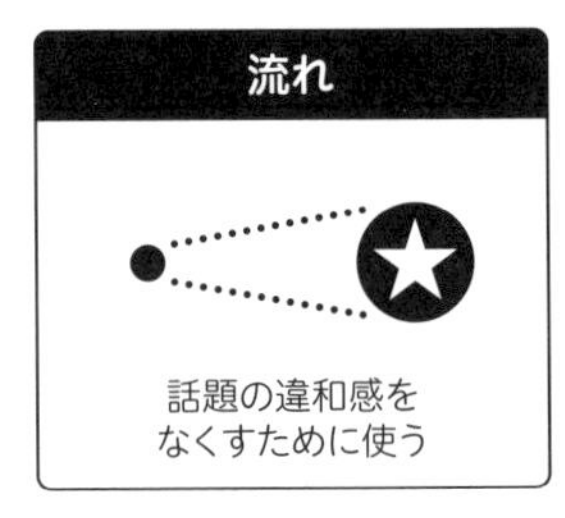

2. 雑談の前に様子伺いをしてみよう

監査人が今何をしているのか、忙しくて余裕がないのか等を知りたいときにおすすめなのが、様子伺いです。ただ話しかけるのではなく、監査人が醸し出している雰囲気から読み取ります。そんなヒントをいくつか紹介します。

(1) コーヒー（お茶）を出しにいく

監査人は常に無言で監査をしているわけではなく、たまには無関係な会話をしていることもあるでしょう。ですから、経理担当者がコーヒーなどを出しに敢えて監査部屋へ出向くことで、雰囲気を感じにいきます。ここで注意したいのは、受けた質問の回答の資料を持っていかないことが必要です。資料を持っていくと、監査部屋の雰囲気が仕事モードになり、直前までの雰囲気がガラッと変わってしまうからです。

⑵ 後ろ姿の肩のあたりを見る

　コーヒーのついでに、監査人の後ろ姿を見ます。特に、肩のあたりに力が入っているか否かが注目ポイントです。筆者の経験的に、一心不乱で何かをしているときに人間は肩に力が入っていて、余裕のあるときは、（たとえ資料を見ていたりパソコンに触れていても）肩の力が抜けています。

図100 様子伺い

3. 他社の状況をざっくり聞きたい時

　監査人はいろんな会社を担当する一方で、経理担当者は基本的には1つの会社にいます。そこで、監査人に他社の状況をざっくり聞いてみたいことも出てくるでしょう。監査人は守秘義務を負っているので詳らかに教えてくれることはありませんが、一般論の範疇で語ってくれることがあるかもしれません。そんな呼び水になる話しかけ方を2つ紹介します。

⑴ 他社さんではどうされていますか？

直球ど真ん中の話しかけ方ですが、意外に効果のある話しかけ方です。守秘義務を守りつつ、一般化して回答してくれることがあります。一般論の範囲内で具体的な話をしてくれるか不明瞭な回答をされるかは、監査人との信頼関係によると思います。

⑵ 他社さんの〇〇は順調ですか？

行間を読める察しのいい監査人に対して効果的な聞き方です。話しかけ方の中に「他社さんの動向を知りたい」という含みを入れていることに気づいてくれるからです。監査人との付き合いがそれなりに長く、ある程度ざっくばらんな会話ができそうな関係になったときに効果があると思います。

図101 他社の状況をざっくり聞きたいときの２つの工夫

4. 監査人への質問で使う雑談

⑴ 監査人の状況を聞きたい時

聞き方はいくつかありますが、いずれも「監査人に行間を読ませる」がポイントです。

① 最近どうですか？

かなりざっくりとした聞き方ですが、どうとでも受け止められる余白のある聞き方です。察しのいい監査人なら、監査人がどの程度多忙なのか、今監査人に依頼していることの進捗はどのような状況なのか、今の会計トピックについて他社はどう対応しているのか等を語ってくれることがあります。

② 最近結構忙しそうですね

話好きの監査人に効果的な聞き方で、忙しい理由の愚痴をこぼしてくれることがあります。

③ お疲れのようですね

監査人が疲れている理由を語ってくれることがあります。「最近クライアントさんとの協議が立て込んでて……」のような感じです。ただし、神経を逆撫でする可能性もあるので、監査人の性格の見極めが必要な聞き方でもあります。

図102 監査人の状況を聞きたいとき

⑵ 相談事の進捗確認をしたい時

① 話しかけ方

「〇〇ってどんな感じですか?」という少しストレートな聞き方をします。

② 意図

「どんな感じですか?」という言葉に、どこまで検討が進んでいるのかを知りたいという意図を込めています。どんな検討にどれくらいの時間をかけて、今どの程度の進捗なのかをズバリ聞いてしまうと、「(経理担当者はそこまで意図してしゃべっていないにもかかわらず)検討に時間をかけすぎじゃないですか?」というマイナスの受け止められ方をする可能性があり、あまり得策ではありません。そこで、あえてフワッとした聞き方をするわけです。

図103 相談事の進捗確認

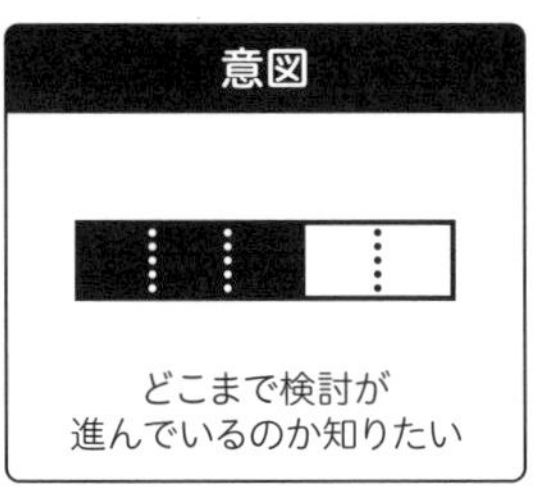

⑶ 新しいメンバーや業務執行社員の人柄を聞きたいとき

① 話しかけ方

「〇〇さんってどんな人ですか?」と、意図的にざっくりとした聞き方をします。

② 意図

特定のトピックに絞った聞き方をすると質問の意図とは違った話へ流れていく可能性があるので、あえてぼやけた聞き方をして、答え方を監査人に考えさせます。とはいえ、経理担当者が新しい監査人の趣味を知りたいと思うはずがないので、「監査手続の進め方や判断はどんな傾向があるか？」を聞きたいんだなと監査人は察してくれるはずです。もし、意図と違った回答を監査人が話しはじめたら、少し絞った聞き方をして、軌道修正を図ります。

図104 人柄を聞きたい時

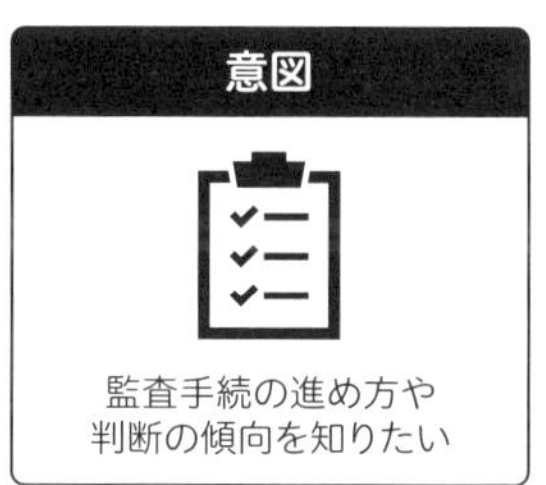

(4) 監査手続で大きな修正が出そうかをざっくり聞きたいとき

① 話しかけ方

「審査大丈夫そうですか？」といった感じで、監査手続の一番最後に控える審査のことを話題にします。

② 意図

監査の最後に控えているのが審査なので、そこで何か指摘が出る可能性はあるのかを知りたいという意図で、監査の仕組みを見据えた質問です。やや抽象的ですが、「監査手続で大きな問題が出てきていない（＝実質的な監査手続は終わった）→審査は大丈夫そう」という思考を、暗に監査人へ求めた語り掛けです。監査手続の進捗を個別具体的に聞いていくと、要するに何を知りたいのかがぼやけてくるので、このような語りかけをするわけです。一方で、「監査手続はもうすぐ終わりそうですか?」とストレートに聞くのは、あまりおすすめではありません。追加で質問や資料依頼がしにくくなるので、監査人は「ほぼ見通しがたった」とは答えたくないからです。

図105 大きな修正が出そうか?

⑸ 重要な話をしたいとき

① 話しかけ方

「○○さんはいつ来ますか?」と聞くのが効果的です。○○には業務執行社員や主査の方の個人名が入ります。

② 意図

組織人は、一般的に職階が上になるほど責任が重いさまざまな仕事を任されるので、監査チームの中心メンバー(業務執行社員や主査等)がクライアントの会社へ来ていないこともあるでしょう。一方で、期末決算の重要な会計トピックはやはり監査チームの中心メンバーと話をしたいでしょうから、「中心メンバーが来る日に重要な議論をしたい」という意図を含ませるというわけです。上司の来訪日を聞かれた監査スタッフは、当然ながら上司へその旨を報告するでしょうから、話を受けた上司は「A社から重要な会計トピックの議論の提案があった」という印象を抱き、場合によっては電話やメールで、来訪日を直接連絡してくることがあるかもしれません。

図106 重要な話をしたい時

(6) 公表資料ドラフトを完成させたいとき

① 話しかけ方

「開示してもいいですか?」や「確定の連絡入れていいですか?」のような聞き方をします。

② 意図

公表資料に誤りがないかどうかを確かめる一義的な責任は監査を受ける会社にありますが、監査人もまちがえた資料を公表していいとは思っていません。ですから、このような語りかけ方をすることで、チェックを早く終わらせてほしいと間接的に伝えるわけです。ストレートに「監査人のチェックはまだ終わらないのか?」と聞いてしまうと、監査人に「資料をチェックする一義的な責任は会社にある」と思わせてしまい、感情的なしこりが生まれてしまうので、あえて間接的な聞き方をする方が得策と思います。

図107 公表資料ドラフトを完成させたいとき

(7) 監査人に急いでほしいとき

① 話しかけ方

経理業務が立て込んでいて、監査人に資料などの確認を急いでほしいときもあるでしょう。そんな時は、「とりあえず（会計システムへ）入力してもいいですか?」「役員へ話を通しておいてもいいですか?」といった聞き方をします。黙って進めるのは得策ではないので、一応言っておきますよという位置付けです。

② 意図

会計システムへ反映すると、後で修正するのは面倒とか、役員に話をしてしまうと取り下げにくくなるという含みが背景にあるので、「早く確認してください」という意味での語りかけ方です。

図108 監査人に急いでほしいとき

4 新人監査人に出会ったら

どの会社や業界でも新しく入ってきた人（＝以下「新人」とします）はいます。彼らは経験と業務知識を積んでいる最中なので、経理担当者からすると経験を積んだ監査人と比べて意図のつかみにくい質問をしてきたり、話がスムーズには伝わりにくいこともあるでしょう。そこで、自分の会社の監査チームに新人監査人が配属された時の経理担当者としての心得をいくつか紹介します。新人監査人の置かれている状況を理解することで、コミュニケーションがスムーズに進むことと思います。

1. 前提――新人監査人は知識・経験を積み始めているところ

監査は公認会計士等が行います。公認会計士試験に合格することで初めて監査を行うことができるようになるわけですから、当然ながら新人に監査経験はありません。また、少なくない公認会計士受験生は、社会人経験を経ずに監査業界へ入ってくるので、会社の業務がどのように回っているのかについての知識も限られるケースがままあります。つまり、会社の経理業務の知識に関しては新人監査人よりも経理担当者が上のケースがありえるということを理解しておきましょう。

2. 新人監査人の傾向

これも筆者の経験からですが、新人監査人には、一般に次のような傾向があると思います。

⑴ 会社のビジネスへの理解を深めつつあるところ

前述の通り、新人監査人は社会人経験がなく公認会計士試験の勉強を終えて初めての就職が監査法人というケースが少なくないため、監査対象の会社がどのようなビジネスをしているか想像がつかないことがありえるでしょう。そうすると、会社のビジネスの深い知識を前提とした質問はしにくいです。

⑵ 判断の権限はない

どの会社でも同じでしょうが、新人監査人に監査を受ける会社の相談事の是非を判断する権限はないので、込み入った相談をすると、「確認します」という返事になり、持ち帰られる可能性が高くなります。経理担当者は、相談する相手をある程度選ぶことも重要です。

⑶ 実務的な会計処理の知識は限られる

新人監査人は業務経験を積んでいる最中です。そのため知識の拠り所は試験勉強で学んだテキストベースの会計の知識になりますので、机上の勉強では出てくることのない会社特有の実務的な会計処理の知識は（前職のない新人の場合は）限られてしまいがちです。まさに学んでいる最中なので、温かく見守ってください。

⑷ 決算・監査の全体の段取りを学んでいるところ

会社での業務経験や監査法人での監査経験がない以上は、初めての監査の場合全体の段取りをどのように進めるかは想像がつきにくいところです。しかし進め方は毎年そう大きくは変わらないので、1年経験すると大きく改善・成長する知識でもあります。

図109 新人監査人の傾向

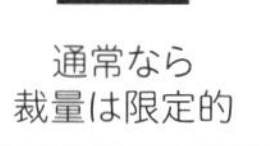

3. 新人監査人とのコミュニケーションのコツ

(1) 新人がよく聞いてくることを覚えておく

監査法人が新人教育の一環で新人監査人を監査チームに入れることはよくあるでしょうから、過去の新人監査人がどんなことを聞いてきたかを覚えておくことで、翌年以降の監査で戸惑わずに対応ができることと思います。

(2) あらかじめ準備をしておく

新人監査人の質問というのは、そこまで深いものではありません。成長するに従って質問が深くなるのは、さまざまな経験を積んで「他社では○○の会計処理をしていた」という判断の目安が見えてくるからです。つまり、質問が事前に想定できるので、あらかじめ回答を準備しておくのも良いでしょう。仮に深い質問をしてきたのなら、背後に上司がいる可能性がありますね。

(3) 回答水準を維持する

新人監査人の質問に対して表面的な対応をしていると、その回答内容が新人監査人の上司の目に留まり、結局は深い追加質問を受けることになりかねません。新人もベテランも会計のプロであることには変わりはありませんから、お互いに尊重し合って、新人だからといって回答をおざなりにするといったことのないようにしましょう。

図110 回答の工夫

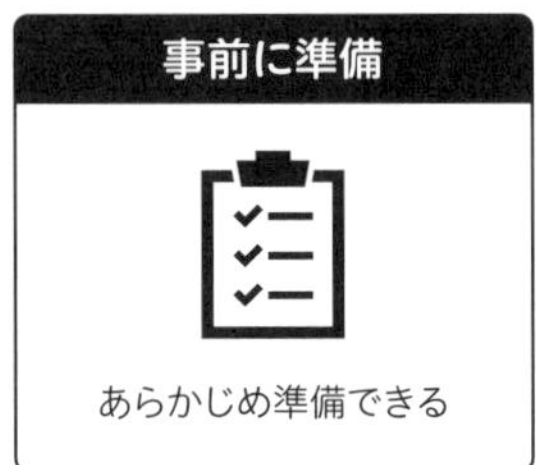

第5節　絶対NGな監査対応

監査対応の仕方は会社によってさまざまなので、「ルール上○○したらダメ」というものはありません。とは言うものの、これは絶対避けておくべきというものはいくつかありますので、本節では筆者が考える「絶対NGな監査対応」「監査人に怪しまれるポイント」を紹介します。

1 絶対NGな監査対応

1. NG 偽りの回答やごまかし

監査対応以前に人としての大前提のため、わざわざ改めて言うまでもないことですが、偽りやごまかしは信用を失いますので絶対にダメです。監査手続は、全ての取引や会計処理を網羅的にチェックしているわけではなく、「試査」に代表されるように、一部分の検討結果から全体が概ね正しいかどうかを判断します。この程度チェックをして結論に問題がなければ、全体の判断は理論的にも間違えていないだろうといったイメージです。そんな中で偽りやごまかしが露呈すると、チェックの対象外のところに会計処理の意図的な誤り、すなわち不正が隠れているのではないかといった疑い・不信感を監査人は抱きます。そうなると監査を受ける会社が言うことはもう信じてもらえませんので、全件チェックまではいかないとしても通常よりも多くの追加の監査手続へと発展します。監査ルールでも、経営者（＝要するに「監査を受ける会社」のこと）の誠実性がチェック項目になっています。また、場合によっては監査契約の継続にも悪影響を与えかねません。

2. NG 話が整合しない・ロジックが通らない

これも一般社会の人間関係と同じですが、監査人が怪しむポイントは「話が整合しない」「ロジックが通らない」ことです。ここでは、監査人心理をもう少し深掘りしていきます。

⑴ 矛盾した説明に監査人が感じること

たとえ意図的ではないとしても、話に整合性がなかったり、ロジックが通らない場合、その理由を知りたくなります。それに伴い、以下の3つの影響が考えられますが、いずれにしても、経理担当者にとっては好ましくない展開になる可能性は高くなります。

① 論理矛盾は誤解かそれとも意図的かが気になる

矛盾していることが、正しくない会計処理をしているからなのか、それとも担当者の誤解なのかを監査人は知りたくなるでしょう。少し前にAさんから聞いた内容と今Bさんから聞いた内容が矛盾しているようなケースでは、どちらが本当のことを言っているのかを確かめなければいけません。また、既に入手している情報や資料とAさん・Bさんの回答を照らし合わせて再検証することもあるでしょう。このほかにも、他の経理担当者に追加で質問をして、AさんとBさんのどちらが正しいのかを確かめる可能性もあります。つまり、余分な監査手続を誘発します。

② 信用できなくなる

監査人からすると、意図的に嘘をつかれている、ごまかされているという印象を与えかねません。勘違いや誤解は誰にでもあるかもしれませんが、あまりにも続くと「この人は信用できない」「この人に聞いても無駄」という印象を与えてしまいます。自分に質問がこなくなるだけで、他の人が質問・資料依頼のターゲットになりますから、回答には細心の注意を払いましょう。

③ 既に入手している資料に問題があるのではと思う

経理担当者の回答に違和感を覚えたら、監査人は既に受け取っている資料にも誤りがあるのではないかと不安になります。既に納得していた会計処理・資料の検討を蒸し返すことにもつながりかねません。

⑵ 予防するために

このように、矛盾した回答をすると、かなりの確率で追加的な監査対応が発生し、経理担当者にとっては追加の負担となります。ですから、矛盾した回答を防ぐため、例えば以下のような工夫をすることが考えられます。

① 事前に上司がチェック

経理担当者に回答を任せっきりにするのではなく、どう回答するつもりなのかを上司に軽く聞いてもらいます。万が一担当者が誤解をしていたのなら未然に防げますし、回答方針を徹底できます。

② 複数人で回答する

主に回答する経理担当者以外にもう1人スタッフをつけて監査人へ回答するようにします。場合によっては、上司の同行も1つの方法です。そうすることで、誤解した回答をしたら即座に訂正することが可能になります。

③ 回答や資料の一元管理

監査人への矛盾した回答が、経理担当者の誤解や本来とは違った資料を出してしまったことが原因の場合は、経理部内で一元管理することで再発を防ぐことができます。期末決算時は多忙ですが、こういった小さな手間をかけることで、大きなメリットをもたらします。

図111 話が整合しない

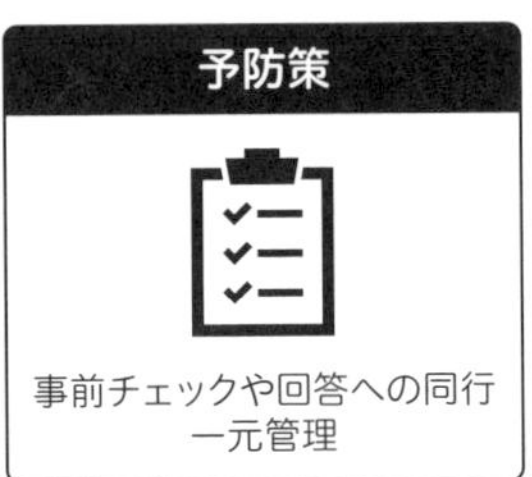

3. NG 抽象的な回答

回答の揚げ足を取られたくないとばかりに抽象的な答え方をしたくなることがあるかもしれませんが、その場しのぎにすぎず、監査人の心象もよくありません。

(1) 追加作業を誘発して逆効果に

監査人は、監査を受ける会社からの回答や調査結果一つ一つに納得できたら、次の作業へ進んでいきます。ですから、経理担当者から、抽象的な回答・言語明瞭意味不明瞭な回答が返ってくると、ほぼ間違いなく「何が言いたいのかわからない」と感じて作業はストップするでしょう。逃げの一手としての抽象的な回答は、追加の質問や資料依頼へつながる可能性がかなり高くなりますので、ミニマム対応どころか逆効果になります。

(2) ツーカーの仲ならあり

とはいえ、時と場合によります。相手の監査人のキャリアや自社の担当歴が長く、1を言えば10わかるような監査人であれば、あえて具体的に言わなくても、十二分に伝わる可能性が高いです。また、事前の打ち合わせで状況をある程度説明していたら、監査人に前提知識があるので、具体的な内容を説明しなくても、監査人は回答内容を理解できます。

図112 抽象的な回答

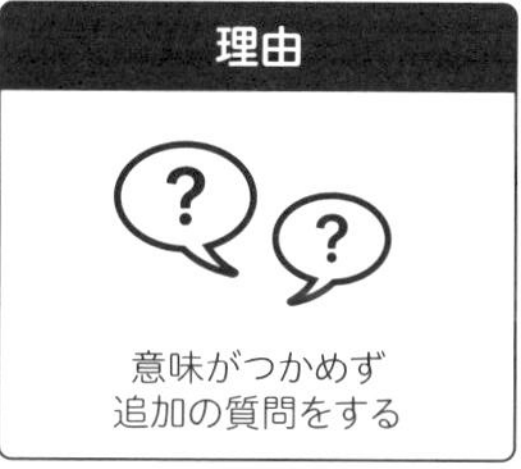

4. NG 確かめずに即答する

経験を積んできた監査人ほど、自分が質問・依頼した内容を経理担当者が回答するのにどの程度の時間が必要なのか察することができます。ある程度の知識を持っている経理担当者なら即答できるような質問のケースは別ですが、明らかに調べないと回答できないような質問で即答すると、「テキトーに回答している」という印象を与えてしまい、監査人が質問・依頼をする経理担当者の対象が広がってしまいます。

5. NG チェックせずに資料を出す

期末決算の期限が迫ってくる中で決算作業が遅れている場合、いつもなら担当者及び上司のチェックを経てから監査人へ提出する資料を、チェックしないまま監査人へ提出することがあるかもしれません。時間がないので、監査人にチェックの役割を果たしてもらおうという発想です。

時間がないときはやむを得ない一面はたしかにありますが、毎度の期末決算で同様の対応をしていると、監査人に「この会社は内部統制が弱い・期末決算を締める能力が高くない」というイメージを植え付けてしまいます。そうすると、チェック対象を広げたくなり、監査対応の負担が増えます。

6. NG 部下の責任にする

監査人にミスなどを指摘されたとき、「これは部下の〇〇がやったことで私は知らなかった」という弁解はたとえ本当であってもいわない方がいいです。「私は（本来自分がすべき）チェックをしていなかった」ということを監査人へアピールしているに等しく、監査人に（内部統制が機能していないといった）良くない印象を与えてしまいます。また、部下のモチベーションも下がってしまい、二重のデメリットがあります。

図113 NGな監査対応例

7. NG 目の前の監査人の頭越しで上司へ話をする

監査人は生身の人間なので、当然ながら感情を持っています。ですから、目の前の監査人と議論・相談したことを、本人のうかがい知れないところで頭越しで上司へ話をすると、少なからずその監査人の機嫌を損ねてしまいます。「A社のBさんから○○の相談があったよ」という情報共有は監査人同士でするでしょうから、すぐにわかってしまいます。頭越しをされた監査人がおもしろくないのは言うまでもなく、感情のしこりが生まれます。お互いにモヤモヤした状態だと、進む話も進まなくなります。少し古い表現ですが、「筋を通す」はしておいた方が後々面倒なことになるのを避けられるので、ミニマム対応でも重視したいポイントです。

8. NG 資料をいつまでたっても提出しない

監査手続は積み上げ式の仕事でもあり、会社から提出される資料や情報の入手と検証がその重要なウエートを占めています。つまり、経理担当者から決算資料・帳簿データ・根拠資料や回答が出てこないと、監査手続を前へ進めることができません。1～2日程度遅れるならまだしも、いつまで経っても資料を提出しないと、監査人は「何かあったのか?」と思ってしまいます。何か事情があるのなら話は変わってきますが、黙っていても伝わりませんので遅れる理由はきちんと伝えておきましょう。

9. NG 結論を後回しにして各論を話す

近年の監査ではたくさんの監査手続が求められているので、監査人は時間のプレッシャーを感じた状況下で質問をします。そんなときに、監査人の質問の答えを後回しにして背景や各論の説明を続けると（監査人に限った話ではないですが)、イライラさせてしまうかもしれません。他の経理担当者に聞きたくなり、監査対応に携わる人を増やす結果になりかねません。

図114 NGな監査対応例

2 経理担当者が避けるべき行動

ミニマム対応では、監査人へ心穏やかに監査手続をしてもらうのが近道です。ここでは筆者が考える経理担当者が避けるべき行動を紹介します。絶対ダメなNG集とはレベル感は異なりますが、ここから紹介する行動も監査人からすれば怪しかったり不安な気持ちにさせるだけなので避けた方がいいでしょう。

1. 何でもかんでも質問する

監査人と積極的にコミュニケーションは取るものの、ことあるごとに「○○はどうしたらいいですか?」と監査人へ聞くケースです。頻度が高くなってくると、その人の会計知識のレベルが監査人へ伝わってしまうので、日常の会計処理の精度に不安を抱く監査人も出てくるかもしれません。

2. 貝になる

監査人が何を聞いても、「確認します」「メールしたんですが返事が返ってこないんです」といった感じで回答・資料がないケースです。何日もこの状況が続くと、監査人は何かを感じ始めるかもしれません。例えば、回答するつもりがないとか、経理部内で回答しないように指示が出ている等です。いずれにしても、監査人が訝るのは間違いないでしょう。

3. 会社のビジネスを知らない経理担当者が回答する

⑴ 監査人が感じること

監査人が求めているのは、会社のビジネスを知っている経理担当者の回答です。気軽に回答してくれることではありません。ですから、会社のビジネスを知らない経理担当者が要領を得ない回答をすると、「この人は会社のことをわかっていない」「聞いても監査手続が前へ進まない→他の経理担当者へ聞こう」と監査人が感じてしまいます。監査人が質問をする対象者が広がってしまい、ミニマム対応から遠ざかります。

⑵ 取るべき対応

会社のビジネスや監査対応に関する知識は一朝一夕には身につきません。経験の浅い経理担当者がいるなら、日常的に上司の監査対応に同行させるべきでしょう。上司と監査人の会話を聞くことで、会社のビジネスや監査対応の知識が身に付きます。その時に、事前事後で対応の意図や監査人が考えていそうなことを伝えておきます。また、あらかじめある程度の会社のビジネスの知識を教え込んでおく等の対応も一法です。

図115 怪しまれるポイント

なんでも質問	貝になる	ビジネスを知らない

会計処理の精度に 不安を抱く	何か背景が あるのではと訝る	他の担当者へ 質問したくなる

あとがき

　監査人は会計処理をチェックすることが主な業務なので、経理担当者からすると何か細かい指摘をしてくる緊張感のある相手のように感じてしまうかもしれませんが、そうではありません。

　たしかに監査人は経理担当者にとって都合の良くないことを言わなければいけない場面もありますが、適正な期末決算を実現するという目的は同じなので、その共通の目的に向かってしっかりと協力していくべき相手です。

　また、本書でご紹介したように監査人は膨大なルールに従って様々なチェックをしていくので、機械のような印象を持たれているかもしれませんが、監査人も感情のあるひとりの人間です。協力的な経理担当者がいれば感謝の気持ちが湧きますし、その逆のようなことをされたら傷付いたり不信感を抱いたりもします。

　本書はそんな監査人について「協力すべき相手」という前提のもと、経理担当者が監査対応において監査人と良い関係を保つための、関わり方のアイデアやヒントを解説しました。まえがきでも記しましたが、本書でご紹介する「ミニマム対応」というアプローチは事前準備を踏まえた受け身の監査対応のことを意図しています。決して手を抜くことを推奨しているわけではありませんので、ご注意ください。

　本書を手に取られた経理担当者が、より良い監査対応を実現されることを、心より願っています。

　最後までお読み頂きありがとうございました。

2023年11月吉日　　　　　　　　　　　公認会計士　内田正剛

著者略歴

内田 正剛（うちだ まさたか）

大手監査法人で監査業務に従事したのち、税理士法人に勤務し、イギリス大学院留学を経て独立。難しい会計をわかりやすく簡単にYouTubeやX（旧Twitter）などで毎日発信するとともに、監査対応のサポートを行っている。また、税務研究会にて、収益認識会計基準や税効果会計などのセミナー講師を務めている。

YouTube  監査対応のサポート 

主な連載

（週刊経営財務）

『図解と事例で学ぶ！収益認識基準』
2018年８月27日号～2019年１月28日号

『ココが知りたい！収益認識会計基準の悩みどころ』
2020年５月11日号～2020年９月21日号

『事例でわかる　実務で使える　税効果会計』
2022年７月４日号～2023年１月23日号

『図解で整理！税効果会計の基礎と考え方』（経営財務データベース限定）
2022年７月11日号～2023年２月13日号

（旬刊経理情報）

『収益認識基準の注記における監査人との協議ポイント』
2021年８月20日・９月１日号～2021年９月20日号

『有報・四報の注記例にみる収益認識の会計処理』
2021年10月10日号～2021年10月20日号

主な著書

『フローチャートでわかる！収益認識会計基準』（税務研究会出版局）

本書の内容に関するご質問は、税務研究会ホームページのお問い合わせフォーム（https://www.zeiken.co.jp/contact/request/）よりお願いいたします。

なお、個別のご相談は受け付けておりません。

本書刊行後に追加・修正事項がある場合は、随時、当社のホームページ（https://www.zeiken.co.jp/）にてお知らせいたします。

現場で活かせる! 経理担当者のための監査対応のコツ

令和５年12月13日　初版第１刷印刷　（著者承認検印省略）
令和５年12月19日　初版第１刷発行

発　行　所　税務研究会出版局
週　刊「税務通信」「経営財務」発行所

代　表　者　山　根　毅

〒100-0005
東京都千代田区丸の内1-8-2 鉄鋼ビルディング
https://www.zeiken.co.jp

乱丁・落丁の場合は、お取替え致します。
印刷・製本　株式会社ダイヤモンド・グラフィック社
ブックデザイン　株式会社ダイヤモンド・グラフィック社

ISBN978-4-7931-2787-8